D1754217

MIX
Papier aus verantwortungsvollen Quellen
Paper from responsible sources
FSC® C105338

Marian Schellmoser

Marketingstrategische Ausrichtung von kleinen Webdesign Unternehmen

Das Beispiel der SchalkoMedia

Diplomica Verlag GmbH

Schellmoser, Marian: Marketingstrategische Ausrichtung von kleinen Webdesign Unternehmen: Das Beispiel der SchalkoMedia, Hamburg, Diplomica Verlag GmbH 2013

Buch-ISBN: 978-3-8428-9302-3
PDF-eBook-ISBN: 978-3-8428-4302-8
Druck/Herstellung: Diplomica® Verlag GmbH, Hamburg, 2013

Bibliografische Information der Deutschen Nationalbibliothek:
Die Deutsche Nationalbibliothek verzeichnet diese Publikation in der Deutschen Nationalbibliografie; detaillierte bibliografische Daten sind im Internet über http://dnb.d-nb.de abrufbar.

Das Werk einschließlich aller seiner Teile ist urheberrechtlich geschützt. Jede Verwertung außerhalb der Grenzen des Urheberrechtsgesetzes ist ohne Zustimmung des Verlages unzulässig und strafbar. Dies gilt insbesondere für Vervielfältigungen, Übersetzungen, Mikroverfilmungen und die Einspeicherung und Bearbeitung in elektronischen Systemen.

Die Wiedergabe von Gebrauchsnamen, Handelsnamen, Warenbezeichnungen usw. in diesem Werk berechtigt auch ohne besondere Kennzeichnung nicht zu der Annahme, dass solche Namen im Sinne der Warenzeichen- und Markenschutz-Gesetzgebung als frei zu betrachten wären und daher von jedermann benutzt werden dürften.

Die Informationen in diesem Werk wurden mit Sorgfalt erarbeitet. Dennoch können Fehler nicht vollständig ausgeschlossen werden und die Diplomica Verlag GmbH, die Autoren oder Übersetzer übernehmen keine juristische Verantwortung oder irgendeine Haftung für evtl. verbliebene fehlerhafte Angaben und deren Folgen.

Alle Rechte vorbehalten

© Diplomica Verlag GmbH
Hermannstal 119k, 22119 Hamburg
http://www.diplomica-verlag.de, Hamburg 2013
Printed in Germany

Inhaltsverzeichnis

1. **Einleitung** 7
   1.1 Problemstellung und Zielsetzung 8
   1.2 Vorgehensweise 8
2. **Theoretischer Aufbau einer Marketing-Konzeption** 9
   2.1 Der Prozess der Strategieentwicklung 10
   2.2 Besonderheiten des Dienstleistungsmarketings 12
3. **Unternehmensportrait der SchalkoMedia** 14
   3.1 Geschäftsmodell 14
   3.2 Produkt- und Dienstleistungsportfolio 17
4. **Strategische Analyse** 19
   4.1 Umweltanalyse 22
   4.2 Branchenanalyse 24
   4.3 Analyse der Wettbewerbsverhältnisse 27
      4.3.1 Markteintritts- und Marktaustrittsbarrieren 30
      4.3.2 Bedrohung durch neue Anbieter 31
      4.3.3 Branchenrivalität 32
      4.3.4 Verhandlungsmacht der Kunden 32
      4.3.5 Verhandlungsmacht der Zulieferer 34
      4.3.6 Gefahr durch Substitute 36
      4.3.7 Kritik an Porters Fünf-Kräfte-Modell 37
   4.4 Analyse potentieller Kunden 38
   4.5 Konkurrenzanalyse 41
   4.6 Potentialanalyse des Unternehmens 38
   4.7 SWOT-Analyse 39
5. **Marketingstrategische Gestaltung der SchalkoMedia** 44
   5.1 Ausrichtung der Marketingziele 44
   5.2 Geschäftsfeldstrategie 45
      5.2.1 Marktfeldstrategie 45
      5.2.2 Wettbewerbsvorteilsstrategie 50
   5.3 Marktteilnehmerstrategie 53
      5.3.1 Marktparzellierungsstrategie 53
      5.3.2 Wettbewerbsorientierte Positionierung 55
6. **Die Marketingstrategie der SchalkoMedia** 58
   6.1 Sicherung der Service- und Dienstleistungsqualität 59
   6.2 Bewerbung und Ausprägung des Leistungsangebots 62
   6.3 Kooperation und organisches Wachstum 63
7. **Fazit** 66

Abbildungsverzeichnis

Abbildung 1: Aufbau einer Marketing-Konzeption 9
Abbildung 2: Der Prozess der Strategieentwicklung 10
Abbildung 3: Die neun Bausteine eines Geschäftsmodells 15
Abbildung 4: Einflüsse und Rahmenbedingungen der externen Marktkräfte 19
Abbildung 5: Netto Branchenumsatz von Webdesigndienstleistungen 25
Abbildung 6: Entwicklung der .de Domains im Zeitverlauf 26
Abbildung 7: Die deutschsprachige Webdesignbranche im Fünf-Kräfte-Modell ... 30
Abbildung 8: Kostenschwerpunkte der Webdesigner aus Sicht der Freelancer ... 35
Abbildung 9: Kostenschwerpunkte der Webdesigner aus Sicht der Agenturen 35
Abbildung 10: Räumliche Konkurrenzbestimmung 42
Abbildung 11: Kundenbezogene Ziele der SchalkoMedia 45
Abbildung 12: Wettbewerbsvorteilsstrategien 50
Abbildung 13: Die Elemente der Marketingstrategie der SchalkoMedia 58
Abbildung 14: Beispielhafte Zusammenstellung von Dienstleistungsmodulen 62

Tabellenverzeichnis

Tabelle 1:	Grundtypen von Kaufentscheidungen	39
Tabelle 2:	Anbieter und Nachfrager von Webdesigndienstleistungen	41
Tabelle 3:	Wettbewerbsprofile der potentiellen Hauptkonkurrenten	37
Tabelle 4:	Stärken-Schwächen-Analyse	39
Tabelle 5:	Chancen-Risiken-Analyse	40
Tabelle 6:	SWOT-Matrix	41
Tabelle 7:	Die vier grundlegenden marktfeldstrategischen Optionen	46
Tabelle 8:	Basisalternativen der Marktparzellierung	53
Tabelle 9:	Wettbewerbspositionierungen	56
Tabelle 10:	Qualitätsdimensionen von Dienstleistungen	60

Abkürzungsverzeichnis

CSS	Cascading Style Sheets
CMS	Content-Management-System
HTML5	Hypertext Markup Language 5
ISP	Internet Service Provider
KMU	Kleine und mittelständische Unternehmen
PHP	Personal Hypertext Preprocessor
SEO	Search Engine Optimization
TLD	Top-Level-Domain
UMP	Unique Marketing Proposition
W3C	World Wide Web Consortium
WebM	Video-Containerformat
WYSIWYG	What You See Is What You Get
WCMS	Web-Content-Management-System
xHTML	Extensible Hypertext Markup Language
XML	Extensible Markup Language

1. Einleitung

Für die Existenzgründung und Führung eines Unternehmens sind eine gute Geschäftsidee, eine umfangreiche Markt- und Wettbewerbsanalyse, sowie ausreichend vorhandenes Kapital von zentraler Bedeutung. Doch darf dabei nicht vergessen werden, dass neben einer strukturierten und systematischen Herangehensweise bei der Analyse externer Faktoren, auch für die Unternehmensführung ein ebenso methodischer Ansatz verfolgt werden muss, um die knappen Ressourcen des Unternehmens zielgerichtet einsetzen zu können. In diesem Zusammenhang greift der Grundgedanke des Marketings, welcher die konsequente Ausrichtung des Unternehmens in allen Bereichen an den Bedürfnissen des Marktes vorsieht.[1] Unter Berücksichtigung dessen, steckt hinter dem Begriff Marketing mehr als nur die reine Gestaltung der nächsten Werbekampagne oder des nächsten Flyers, wie von vielen kleineren Unternehmen angenommen wird.

Das Erarbeiten einer Marketingstrategie zählt längst nicht mehr allein zu den Aufgaben, die nur große Unternehmen und Konzerne betrifft, sondern muss aufgrund von dynamischen Märkten auch von kleinen und mittleren Unternehmen (KMU) wahrgenommen werden. Insbesondere zwingt das Entwerfen einer Strategie die Unternehmen dazu, sich grundlegend mit der zukunftsgerichteten Unternehmensplanung auseinanderzusetzen. Die Gründe dafür, dass bisher im KMU-Bereich die marketingstrategische Ausrichtungen streckenweise vernachlässigt wurden, hängen oft damit zusammen, dass vielen Unternehmensgründer der betriebswirtschaftliche Hintergrund und somit die entsprechende Fähigkeiten und Erfahrungen schlichtweg fehlen. Auch werden Argumente bei Gründungsvorhaben aufgeführt, dass eine strategische Planung die Flexibilität und Kreativität des Unternehmens einengen würde. Solche Befürchtungen können der Realität insoweit nicht standhalten, da Strategien gezielt Suchfelder abstecken, die sinnvolle Alternativen für situatives bzw. flexibles Handeln aufzeigen.[2] Strategien stehen auch in keinem Gegensatz zur Kreativität, da diese ermöglichen, die Kreativität zielstrategisch einzusetzen und zu lenken.[3]

---

[1] Vgl. Bruhn, M. (2007), S. 13.
[2] Vgl. Becker, J. (2006), S. 145.
[3] Vgl. ebenda, S. 146.

1.1 Problemstellung und Zielsetzung

Diese Studie beschäftigt sich mit der Erarbeitung einer Marketingstrategie für das kleine Mediendesign Unternehmen SchalkoMedia. Die vom Unternehmen angestrebten Bereiche Webdesign und Printdesign gelten gemeinhin als schwierige und gesättigte Marktumfelder. Diese Herausforderungen resultieren maßgeblich aus einer großen Zahl von Konkurrenten und dass die potentiellen Kunden bestimmte Unterschiede[4], die Wettbewerbsvor- sowie Wettbewerbsnachteile darstellen können, nicht vollständig wahrnehmen, oder als nicht relevant erachten. Um speziell dieser fehlenden oder verzerrten Differenzierung aus Sicht der Kunden entgegenwirken zu können, müssen vorhandene und erreichbare Wettbewerbsvorteile klar ausgearbeitet und kommuniziert werden.

1.2 Vorgehensweise

Einführend werden die theoretischen Grundlagen der Marketingkonzeption beschrieben und die Einordnung des Prozesses der Strategieentwicklung innerhalb dieser Konzeption unter Berücksichtigung der Besonderheiten von Dienstleistungen im Marketing vorgenommen. Im Kapitel 3 erfolgt die Vorstellung des Gründungsunternehmens, sowie des Geschäftsmodells der SchalkoMedia. Darauf knüpft im Kapitel 4 die ausführliche strategische Analyse der externen Marktgegebenheiten und internen Ressourcen an. Die strategische Analyse stellt einen wesentlichen Anteil dieser Arbeit dar, in den ersten Schritten werden die entsprechenden theoretischen Ausgangspunkte beschrieben, um diese anschließend auf den Gesamtbezug der vorliegenden Arbeit anzuwenden. Gegen Ende des 4 Kapitels hin werden die gesammelten Informationen zur Situationsbestimmung des Unternehmens in die SWOT-Analyse überführt. Darauf aufbauend werden im Kapitel 5 die grundsätzlichen strategischen Gestaltungsoptionen für die Marketingstrategie der SchalkoMedia auf ihre Anwendbarkeit geprüft und die wettbewerbsorientierte Einordnung des Unternehmens vorgenommen. Auf Basis der zusammengetragenen Erkenntnisse wird im Kapitel 6 die individuelle Strategie der SchalkoMedia zusammengefasst. Es werden die wesentlichen Ansatzpunkte als Handlungsempfehlung beschrieben und Wege zu deren Realisierung aufgezeigt. Abschließend wird das Fazit zu dieser Studie im Kapitel 7 wiedergegeben.

---

[4] Im Bereich Webdesign handelt es sich dabei vor allem um den Anteil der Programmierung, der von den meisten Kunden in erster Linie nicht gesehen und eingeschätzt werden kann.

2. Theoretischer Aufbau einer Marketing-Konzeption

Im Allgemeinen umfasst eine Marketing-Konzeption alle marktrelevanten und kundenspezifischen Entscheidungen, die hierarchieübergreifend gesteuert und festgelegt werden.[5] Sie ist das Ergebnis einer umfassenden strategischen Analyse und setzt sich in der Planungsphase aus einer logischen Verknüpfung der folgenden drei Bestandteile zusammen: Festlegung der Marketing-Ziele, Erstellung einer Marketingstrategie und die Ausrichtung der Marketing-Instrumente.[6] Demnach kann eine Marketing-Konzeption als ein ganzheitlicher und abgestimmter Handlungsplan angesehen werden.[7] Wie in Abbildung 1 dargestellt, bilden die Marketing-Ziele die Grundlage für die zu erstellende Marketingstrategie, welche wiederum den Einsatz der jeweiligen Marketinginstrumente zur Zielerreichung bestimmt.

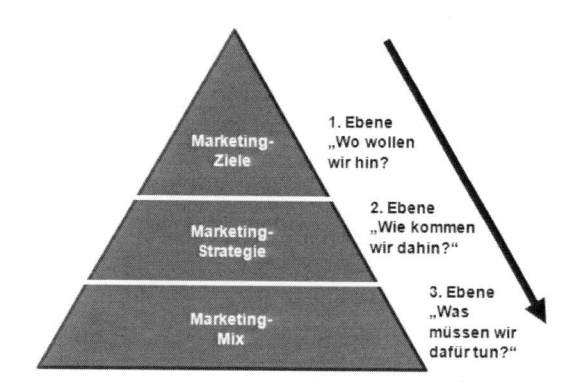

Abbildung 1: Aufbau einer Marketing-Konzeption
(Quelle: Eigene Darstellung in Anlehnung an Becker, J. (2006), S. 4.)

Das Entwerfen einer Marketing-Konzeption stellt einen iterativen und dynamischen Prozess dar, der einen hohen Planungsaufwand erfordert.[8] Die in der Marketing-Konzeption enthaltenen Unternehmensziele lassen sich ohne die Berücksichtigung von strategischen Handlungsoptionen nur bedingt festlegen und unterliegen Anpassungen, die aus strategischen und operativen Aktivitäten resultieren können.[9] Eine Marketingstrategie muss in diesem Zusammenhang stets im Kontext

---

[5] Vgl. Becker, J. (2006), S. 3.
[6] Vgl. Schneider, W. (2007), S. 11.
[7] Vgl. Becker, J. (2006), S. 5.
[8] Vgl. Meffert, H. (2000), S. 63.
[9] Vgl. ebenda, S. 62f.

vielfältiger und dynamischer Umfeldbedingungen betrachtet werden.[10] Um bei unvorhergesehenen Entwicklungen weiterhin ihre Gültigkeit behalten zu können, muss eine Marketingstrategie ein gewisses Maß an Flexibilität aufweisen und darf nicht von zu detaillierten Festlegungen bestimmt werden.[11] Grundsätzlich ist eine Marketingstrategie innerhalb der Marketing-Konzeption als ein bedingter, langfristiger und bereichsübergreifender Verhaltensplan zur Erreichung der angestrebten Unternehmens- und Marketingziele zu charakterisieren.[12] Sie dient zur Eingrenzung des wettbewerbsorientierten Handlungsrahmens, um den Weg zur Erzielung von realisierbaren Vorteilen aufzeigen zu können.[13]

2.1 Der Prozess der Strategieentwicklung

Wie in Abbildung 2 dargestellt, lässt sich die Strategieentwicklung in drei aufeinanderfolgende Phasen aufgliedern. Bei den drei Phasen handelt es sich um die Informationsgewinnung und –verarbeitung, sowie die entsprechende Willensbildung.

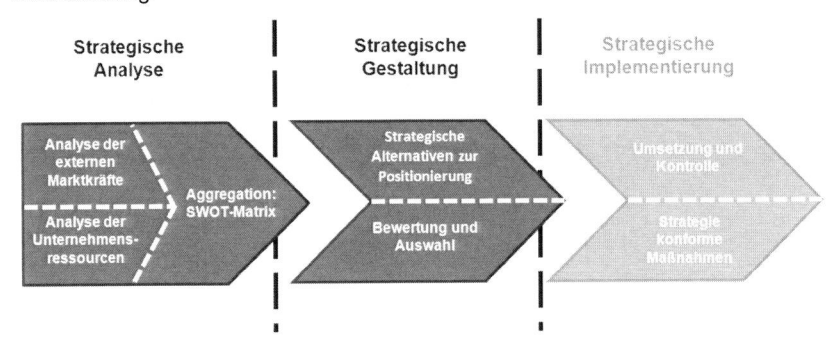

Abbildung 2: Der Prozess der Strategieentwicklung
(Quelle: Eigene Darstellung in Anlehnung an Kerth, K./Pütmann, R. (2005), S. 1.)

Die Ausgangslange für den Prozess zur Strategieentwicklung bildet die **strategische Analyse**. Ohne genaue Kenntnisse über die Rahmenbedingungen und die Auswirkung dieser auf das geplante Vorhaben, ist eine konkrete Zielformulierung und die Entwicklung einer Marketingstrategie kaum möglich.[14] Die strategische Analyse beinhaltet die Betrachtung der externen Marktkräfte und die Potentialanalyse des Unternehmens. Für das zielgerichtete Vorgehen müssen aus

---

[10] Vgl. Becker, J. (2006), S. 145f.
[11] Vgl. Meyer, P. W./Mattmüller, R. (1993), S. 20ff.
[12] Vgl. Meffert, H. (2000), S. 62.
[13] Vgl. Benkenstein, M. (1997), S. 15.
[14] Vgl. Becker, J. (2006), S. 393.

einer Vielzahl an Informationen die entscheidungsrelevanten Faktoren für das Unternehmen bestimmt werden. Unterstützend kann zur Strukturierung und Zusammenfassung der gesammelten Informationen die SWOT-Analyse eingesetzt werden, um auf deren Basis das weitere Vorgehen abzuleiten.[15]

Der Abschnitt der **strategischen Gestaltung** steckt die möglichen Handlungsoptionen ab. Unter Berücksichtigung der individuellen Ausgangslage des zu betrachtenden Unternehmens kann es sinnvoll sein, mehrere alternative Strategien in Betracht zu ziehen. Diese sind anschließend nach wirtschaftlichen Gesichtspunkten zu bewerten und auszuwählen. Die Formulierung von Strategien kann sich an unterschiedlichen strategischen Modellen und Leitfragen orientieren.[16]
Die Erstellung eines konsistenten strategischen Profils gehört zu den Herausforderungen des strategischen Marketings.

Die **strategische Implementierung** stellt den Prozess der Verwirklichung der entwickelten Strategie dar. Für die Implementierung muss sichergestellt werden, dass die Strategie in aktionsfähige Handlungen umgesetzt werden kann und unter Berücksichtigung der verfolgten Unternehmensziele richtig durchgeführt wird.[17] Die Verwirklichung der strategischen Implementierung erfordert wiederum die Durchsetzung der eigentlichen Marketingstrategie im Unternehmen. Zur Durchsetzung bedarf es der Schaffung von Akzeptanz und Änderungswille bei allen betroffenen Unternehmensmitgliedern für die zu verfolgende Strategie.[18] In diesem Zusammenhang umfasst die Durchsetzung der Marketingstrategie verhaltensbezogene Aufgaben und die Umsetzung sachbezogene Aufgaben innerhalb des Implementierungsvorhabens.[19] Auf die eigentliche Implementierung folgt die Kontrolle der Umsetzung, dabei handelt es sich um einen fortwährenden Prozess, der zur Sicherstellung und Anpassung der Marketingstrategie dient.[20] Im Rahmen dieser Studie wird die strategische Implementierung nicht näher behandelt.

---

[15] Vgl. Hörschgen, H./Kirsch, J./Käßer-Pawelka, G./Grenz, J. (1993), S. 23ff.
[16] Vgl. Homburg, C./ Krohmer, H. (2003), S. 369.
[17] Vgl. Kotler, P./Bliemel, F. (1999), S. 1176.
[18] Vgl. Meffert, H./Burmann, C./Kirchgeorg, M. (2008), S. 734.
[19] Vgl. Welge, M. K./Al-Laham, A. (2003), S. 533.
[20] Vgl. Homburg, C./Krohmer, H. (2003), S. 369.

2.2 Besonderheiten des Dienstleistungsmarketings

Das Entwickeln einer Marketingstrategie kann im Wesentlichen unabhängig davon erfolgen, ob es sich um ein Dienstleistungs- oder Sachleistungsunternehmen handelt.[21] Der Prozess der Strategieentwicklung lässt sich auf Dienstleistungsunternehmen unter Berücksichtigung einiger Besonderheiten in ähnlicher Weise anwenden:

- Dienstleistungen gelten weitestgehend als immaterielle Leistungen,
- Anbieter von Dienstleistungen stellen Leistungsfähigkeiten in Form von personellen, sachlichen oder immateriellen Ressourcen bereit,
- Dienstleistungen lassen sich nur durch die Integration von externen Faktoren bewirken, die in Form von Gegenständen, Personen oder Informationen in den Dienstleistungsprozess eingebracht werden können.[22]

Unter Berücksichtigung dessen können eingehende Vorleistungen als auch das Ergebnis der Dienstleistungserstellung materiell oder immateriell sein. Die Immaterialität stellt ein wesentliches Merkmal von Dienstleistungen dar.[23]

Speziell aus der Sicht von Mediendesign Unternehmen, können materielle und immaterielle Dienstleistungen erbracht werden, bspw. dem Drucken von Werbeflyern als materielle Dienstleistung, oder das reine entwerfen eines Werbeflyers als immaterielle Dienstleistung. Zur Erbringung dieser Dienstleistungen bedarf es **spezifischer Leistungsfähigkeiten**, wie dem Knowhow und den dazu benötigten Vorrichtungen, bspw. eines Computers mit entsprechender Software. Insbesondere bei Dienstleistungsanbietern wie Mediendesign Unternehmen ergeben sich aus der Notwendigkeit von spezifischen Leistungsfähigkeiten Implikationen für das Dienstleistungsmarketing.[24] Im Rahmen der Kommunikationspolitik bspw. sind die Dienstleistungskompetenzen des Unternehmens glaubwürdig herauszustellen. Vor allem bei potenzialintensiven Dienstleistungen wie dem Mediendesign, gilt es in besonderer Weise, eine Materialisierung dieser Potenziale zur Wettbewerbsprofilierung anzustreben.[25]

---

[21] Vgl. Homburg, C./ Krohmer, H. (2003), S. 830f.
[22] Vgl. Meffert, H./Burmann, C./Kirchgeorg, M. (2008), S. 29.
[23] Vgl. Matys, E. (2007), S. 13.
[24] Vgl. Meffert, H./Bruhn, M. (2006), S. 63.
[25] Vgl. Meffert, H./Burmann, C./Kirchgeorg, M. (2008), S. 30.

Die **Integration des externen Faktors** zur Erstellung von Dienstleistungen ist auch für Mediendesign Unternehmen gegeben und erfolgt in erster Linie auf Basis von Informationen. Jeder Prozess der Dienstleistungserstellung wird durch die Einwirkung von externen Faktoren mitbestimmt. In diesem Zusammenhang hängt auch jedes Ergebnis des Prozesses vom betreffenden externen Faktor ab. Da Anbieter und Abnehmer auf den Prozess der Dienstleistungserstellung einwirken, kann von einer zweiseitigen Beeinflussung des Ergebnis des Prozesses gesprochen werden. Für Mediendesign Unternehmen spiegelt sich der externe Faktor vor allen in zu realisierenden Kundenwünschen und Feedback wieder. Die weiteren Besonderheiten von Dienstleistungserstellung wie die **Nichtlagerfähigkeit** und **Nichttransportfähigkeit** von Dienstleistungen spielen für Mediendesign Unternehmen eine eher untergeordnete Rolle. Die Merkmale und Besonderheiten von Dienstleistungen müssen insofern bei der Ziel- und Strategieformulierung berücksichtigt werden. Allen voran spielen Image-, Zufriedenheits- und Kundenbindungsziele bei Dienstleistungsunternehmen eine entscheidende Rolle. Bei der Gründung eines Unternehmens bestehen zumeist zahlreiche strategische Gestaltungsmöglichkeiten, bspw. das Geschäftsmodell und die Wahl der Zielgruppe. Daher wird im Folgenden zunächst das Unternehmen SchalkoMedia vorgestellt.

3. Unternehmensportrait der SchalkoMedia

Die SchalkoMedia ist ein in Gründung befindliches Dienstleistungsunternehmen aus dem Bereich Mediendesign mit Sitz in Neuzelle (Brandenburg). Es handelt sich dabei um ein Unternehmen, welches künftig Mediengestaltung in den Bereichen Printdesign und Webdesign anbieten wird. Unter der Dienstleistung Webdesign wird in dieser Arbeit die grafische, strukturelle und anwendungsbezogene Gestaltung von Internetseiten verstanden. Die Erbringung dieser Dienstleistung stellt eine Umsetzung der Vorstellungen von Auftraggebern unter Berücksichtigung der Ansprüche und Gewohnheiten potentieller Nutzer, sowie technischer Möglich- und Machbarkeiten dar. Als Grundvoraussetzungen werden umfassende Kenntnisse in standardisierten Techniken wie z.B. HTML, XML, CSS, PHP und der Beherrschung von Datenbankverwaltungssystemen angesehen.[26] Des Weiteren ist der Umgang mit Bild- und Textverarbeitungsprogrammen eine wichtige Voraussetzung zur Erbringung von Webdesigndienstleistungen.

3.1 Geschäftsmodell

Die Geschäftsidee stammt vom Inhaber Ruben Schalko und dessem Unternehmen befindet sich seit 2010 in der Vorbereitungs- und Gründungsphase. Der Unternehmensgründer weist in den angebotenen Geschäftsfeldern mehrjährige berufliche und private Erfahrung auf. Im Folgenden wird die Aufnahme der Geschäftstätigkeit des Unternehmens mithilfe der neun Bausteine eines Geschäftsmodells nach Osterwald, A./Pigneur, Y. wiedergeben, siehe dazu Abbildung 3.

---

[26] Vgl. Volks- und Raiffeisenbank Gründerkonzepte (2011), S. 3f. http://www.vr-bankmodul.de/.

Abbildung 3: Die neun Bausteine eines Geschäftsmodells
(Quelle: Eigene Darstellung in Anlehnung an Osterwalder, A./Pigneur, Y. (2010), S.16f.)

Bei den neun Bausteinen eines Geschäftsmodells handelt es sich um eine strukturierte Herangehensweise, um bestehende oder zukünftige Geschäftsmodelle wiederzugeben bzw. darstellen zu können.[27] Im Falle des Unternehmens SchalkoMedia stellt sich das ausgearbeitete **Geschäftsmodell** wie folgt dar: Die geplanten **Einnahmequellen** des Unternehmens setzen sich aus dem Hauptgeschäftsfeld Webdesign und dem ergänzenden Geschäftsfeld des Printdesign zusammen. Die anvisierten **Kundensegmente** unterteilen sich in kleine und mittelständische Unternehmen aus unterschiedlichen Branchen, Vereine, diverse Organisationen, sowie Freiberufler wie Anwälte und Ärzte. Die verschiedenen Kundensegmente weisen in ihren Anforderungen bei Geschäftsbeziehungen zum Unternehmen Gemeinsamkeiten sowie Unterschiede auf. In diesem Zusammenhang soll den Kunden mit **Werteangeboten** wie individuellem Design, umfassende Beratung, konkurrenzfähigen Preisen, standardkonforme und performante Programmierung begegnet werden. Um die eigenen Werteangebote den Kunden vermitteln zu können, bedarf es dafür verschiedener Vertriebswege. Als **Vertriebswege** und für **Kundenbeziehungen** werden u.a. die eigene Internetseite, Geschäftskontakte, Plattformen und die direkte Auftragsakquise genutzt. Die Kundenbeziehungen entstehen aus der Geschäftstätigkeit des Unternehmens und können sich in ihrer Art und ihrem Umfang innerhalb der Kundensegmente unterscheiden.[28] Um diesen Ansprüchen zu genügen, werden

---

[27] Vgl. Osterwalder, A./Pigneur, Y. (2010), S. 14ff.
[28] Vgl. Osterwalder, A./Pigneur, Y. (2010), S. 28.

Kundenbeziehungen, die über die eigentliche Auftragsbearbeitung hinausgehen z.B. anschließende Servicedienstleistungen und -verträge, individuell behandelt.

Als Unternehmen im Bereich Mediendesign, welches Produkte und Dienstleistungen auf digitaler Basis erbringt, liegen die **Schlüsselressourcen,** neben dem benötigten Equipment, vor allem auf den Schwerpunkten Knowhow und verfügbare Arbeitskraft. Als Schlüsselaktivitäten werden die Prozesse im Unternehmen bezeichnet, die den Kern des eigentlichen Geschäftsmodells darstellen. Im Falle der SchalkoMedia repräsentieren die Tätigkeiten Planung Programmierung und Design die **Schlüsselaktivitäten** des Unternehmens. Zu Beginn der Geschäftsaufnahme wird es nur vereinzelte **Partnerschaften** geben, bspw. zur Druckerei für die Bearbeitung von Printdesignaufträgen. Im Laufe der Unternehmenstätigkeit können sich weitere Partnerschaften aus strategischen Gründen und zu Kooperationszwecken erschließen.

Die **Kostenstruktur** des Unternehmens zeigt sich anfänglich wie folgt: Auf die Anmietung von Geschäftsräumen wird verzichtet, da angenommen wird, dass für den Bereich Webdesign die meisten Kundengespräche vor Ort, telefonisch oder bspw. in einem Café oder Restaurant geführt werden können. Für die Geschäftsaufnahme wurden im Vorfeld das benötige Equipment und etwaige Softwarelizenzen bereits erworben. Zusätzlich fallen Kosten für Büromaterialien, Versicherungen und Kosten für diverse Beratungen, bspw. im Bereich Steuerrecht an. Bei Zunahme der Auftragslage und einem positiven Geschäftsverlauf müssen rechtzeitig Überlegungen über weitere Partnerschaften, wie Kooperationen oder das Beschäftigen von Arbeitskräften, angestellt werden. Die Beschäftigung von Arbeitskräften zieht u.a. die Aufwendungen von Lohnnebenkosten und die Anmietung von Geschäftsräumen nach sich.

Die angestrebten **Unternehmensziele der SchalkoMedia** sind es sich in den anvisierten Geschäftsfeldern zu etablieren und eine entsprechende Reputation bezüglich der Dienstleistungs- und Servicequalität zu erarbeiten. Den anfänglichen Herausforderungen, vor allem durch eine hohe Qualität und Serviceangebote zu begegnen, um so Kundenwünsche im Höchstmaß zu befriedigen und um darüber Kundenzufriedenheit und -bindung zu erreichen. Neben mittelfristigen Rentabilitätszielen wie Gewinn- und Umsatzrentabilität, werden langfristig das organische Wachstum des Unternehmens, sowie die Erweiterung des Leistungsangebotes als wichtige Unternehmensziele angesehen.

3.2 Produkt- und Dienstleistungsportfolio

Wie einführend bereits beschrieben setzt sich das Portfolio des Unternehmens aus den Dienstleistungen Printdesign und Webdesign zusammen. Der Dienstleistungsbereich des Printdesigns soll als komplementäres Geschäftsfeld angeboten werden. Die Schlüsselaktivitäten zur Bearbeitung von Webdesign- und Printdesignaufträgen weisen Überschneidungen und Ähnlichkeiten auf. Mittlerweile beeinflussen sich beide Bereiche auch gegenseitig innerhalb von Gestaltungstrends.[29]

Grundsätzlich soll sich der angebotene Bereich des **Printdesigns** auf das Entwerfen von klassischen Werbemitteln wie z.B. Postern, Flyern, Visitenkarten und individuellen Auftragsarbeiten erstrecken. Es ist geplant, das Angebot bundesweit über die Onlinepräsenz des Unternehmens anzubieten. Die Kunden sollen weiterhin die Möglichkeit erhalten ihre Werbemittel drucken zu lassen. Dafür wird ein drittes Unternehmen beauftragt, der Versand erfolgt wiederum über das eigene Unternehmen, damit die Kunden augenscheinlich alle Leistungen von einem Anbieter erhalten.

Der angebotene Dienstleistungsbereich des **Webdesigns** richtet sich in erster Linie an Vereine, Organisationen, kleine und mittelständische Unternehmen (KMU), sowie vereinzelt auch an Privatpersonen. Die Gestaltung von Internetseiten soll sich durch individuelle und ansprechende Umsetzung auszeichnen. Das Hauptaugenmerk bei der Programmierung von Internetseiten liegt auf der Kompatibilität zu etablierten Internetbrowsern und neben performanceorientierten Programmcode, auf einem hohen Maß an Sicherheit und Datenschutz. Das Angebot der Programmierung erstreckt sich auf die folgenden Techniken:

- xHTML
- Java-Script
- MySQL Datenbanken
- CSS
- PHP4 und PHP5
- Validierung nach WC3-Norm

Auf Kundenwunsch werden auch Tätigkeiten im Bereich Hosting[30] und Domainregistrierung übernommen.

---

[29] Vgl. Instantshift (2011), http://www.instantshift.com/.
[30] Unter Hosting wird die Möglichkeit verstanden, einen eigenen oder angemieteten Server bei einem Provider in einem Rechenzentrum aufstellen, oder betreiben zu lassen und diesen administrieren sowie benutzen zu können. Vgl. Tamm, G./Günther, O. (2005), S. 57.

Bei der Realisierung einer Vielzahl von Internetpräsenzen werden gegenwärtig verschiedene Web-Content-Management-Systeme[31] (WCMS) eingesetzt. In diesem Zusammenhang wurde vom Inhaber der SchalkoMedia ein eigenes WCMS programmiert, welches eine einfache Bedienung bei minimalen Umfang und modularer Erweiterbarkeit ermöglicht. Vorzugsweise wird diese WCMS künftig bei den Kundenaufträgen eingesetzt, wobei der Einsatz von externen WCMS Lösungen, auf Kundenwunsch hin, nicht ausgeschlossen ist. Preislich wird sich der Einsatz des eigenen WCMS von einer anderen WCMS Lösung wesentlich unterscheiden. Der Schwerpunkt des eigenen WCMS liegt in einem höheren Grad der Ausrichtung für Dienstleister und Webshop Betreiber.

---

[31] Ein Content-Management-System ist ein Verwaltungssystem zur gemeinschaftlichen Erstellung, Bearbeitung und Organisation von Inhalten. Systeme die ausschließlich zur Verwaltung von Webinhalten dienen, werden auch als WCMS bezeichnet. Vgl. Rieber, P. (2009), S. 29.

4. Strategische Analyse

Die strategische Analyse bietet Unternehmen in Gründung, sowie bereits bestehenden Unternehmen, die Möglichkeit umfangreiche Informationen und Erkenntnisse über das Umfeld, die Branche, den angestrebten Markt, potentielle Konkurrenten und über mögliche Kunden zu erlangen.[32] Diese systematische Untersuchung wird vorrangig im Rahmen der strategischen Marketingplanung eingesetzt, welche sich auf Gesamtmärkte sowie einzelne Marktsegmente beziehen kann.[33] Das sorgfältige Analysieren der Markt- und Umfeldsituation, sowie die Identifizierung wichtiger Schlüsselfaktoren bilden den eigentlichen Ausgangspunkt für die strategische Marketingplanung.[34]

Zur Bestimmung der Markt- und Umfeldsituation bedarf es einer Analyse der externen Marktkräfte. Grundsätzlich geht man bei der Analyse der externen Marktkräfte von folgender Leitfrage aus: Welche äußeren Faktoren beeinflussen das Unternehmen, entwickeln sich zu Trends und können frühzeitig erkannt beziehungsweise genutzt werden?[35]

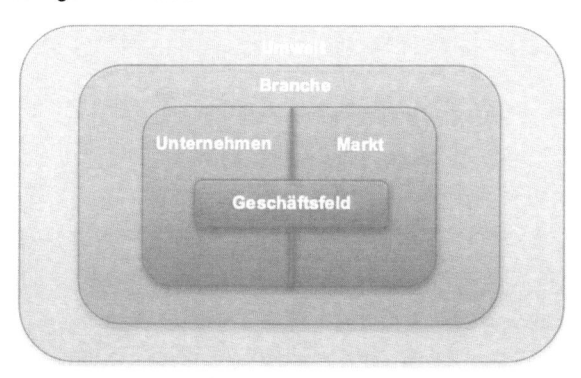

Abbildung 4: Einflüsse und Rahmenbedingungen der externen Marktkräfte
(Quelle: Eigene Darstellung in Anlehnung an Kuß, A./Tomczak, T./Reinecke, S. (2007), S. 34.)

Für jedes Unternehmen ist es von entscheidender Bedeutung, wichtige Einflussfaktoren zu beobachten und diese in strategische Entscheidungen mit einzubeziehen. Wie in der Abbildung 4 dargestellt, beeinflusst die Unternehmensumwelt den Handlungsrahmen der Unternehmen, welcher i.d.R. nicht verändert

---

[32] Vgl. Fueglistaller, U./Müller, C./Volery, T. (2004), S. 245f.
[33] Vgl. Meffert, H./Burmann, C./Kirchgeorg, M. (2008), S. 91ff.
[34] Vgl. ebenda, S. 231.
[35] Vgl. Kuß, A./Tomczak, T./Reinecke, S. (2007), S. 36.

werden kann.[36] Dabei spielen in erster Linie staatliche und rechtliche, sowie gesamtwirtschaftliche und technologische Einflüsse, aber auch die gesellschaftliche Entwicklung eine Rolle.[37] In der Praxisanwendung beschränkt man sich jedoch auf die für die Unternehmenssituation relevanten Schlüsselgrößen.

Unter Berücksichtigung dessen benötigt das Unternehmen entsprechende Informationen, um auf deren Basis strategische Entscheidungen fällen zu können. Die Informationsgewinnung ist Aufgabe der Marktforschung, die den Informationsbedarf aufgrund geplanter Vorhaben festlegt.[38] In Verbindung mit diesem Informationsbedarf wird ein Untersuchungsdesign für eine Datenerhebung ausgewählt, woraufhin die Erhebung durchgeführt, die Ergebnisse analysiert und in die strategische Analyse einbezogen werden. Für das Unternehmen SchalkoMedia wurde ein **deskriptiver Untersuchungsansatz**[39] gewählt, da dieser dem Informationsbedarf über die Marktentwicklung und den Wettbewerbskräften in der Webdesignbranche genügt. Der deskriptive Untersuchungsansatz ist in der Praxis weit verbreitet und setzt dafür auf etablierte Verfahren wie bspw. Stichprobenerhebungen und Fragebogenkonstruktionen.[40]

Nach Bestimmung des Informationsbedarfs können diese Informationen als Primärdaten und Sekundärdaten erhoben werden. Zur Erhebung von Sekundärdaten können unterschiedliche Quellen wie z.B. Marktforschungs-Datenbanken, Bibliotheken und staatliche Veröffentlichungen genutzt werden, es handelt sich dabei um bereits zusammengetragene Daten.[41] Sekundärdaten sind i.d.R. bereits verfügbar und meist kostengünstiger beizukommen als Primärdaten. Der wesentliche Nachteil von Sekundärdaten ist gegeben durch deren Relevanz für das Unternehmen, der Genauigkeit, der Objektivität und deren Aktualität.[42] Die Erhebung von Primärdaten wiederum kann alleinig oder ergänzend zur Erhebung von Sekundärdaten durchgeführt werden. Wesentlichen Nachteile der Primärdatenerhebung stellen der hohe Kosten- und Zeitaufwand dar.[43]

---

[36] Vgl. Meffert, H./Burmann, C./Kirchgeorg, M. (2008), S. 231.
[37] Vgl. ebenda.
[38] Vgl. Kotler, P./Armstrong, G./Wong, V./Saunders, J. (2011), S. 372ff.
[39] Ein deskriptiver Untersuchungsansatz, dient u.a. zur Feststellung und Charakterisierung der Markt- und Umfeldgegebenheiten. Vgl. Kuß, A./Tomczak, T./Reinecke, S. (2007), S. 50f.
[40] Vgl. Kuß, A./Tomczak, T./Reinecke, S. (2007), S. 50f.
[41] Vgl. Kotler, P./Armstrong, G./Wong, V./Saunders, J. (2011), S. 375.
[42] Vgl. Bruhn, M. (2007), S. 110.
[43] Vgl. Kotler, P./Armstrong, G./Wong, V./Saunders, J. (2011), S. 376f.

Um den **Informationsbedarf des Unternehmens SchalkoMedia** decken zu können, wurden Sekundärdaten sowie Primärdaten erhoben. Im Bereich der Sekundärdaten ließen sich über Literatur- und Onlinerecherchen Informationen aus Statistiken, Veröffentlichungen und Presseartikeln ermitteln, die im weiteren Verlauf dieser Arbeit mit einbezogen werden. Für die Erhebung der Primärdaten wurde der methodische Ansatz der strukturierten Befragung gewählt und als Kommunikationsmittel das Internet verwendet. Die Vorteile einer Internetumfrage ergaben sich unter den folgenden Gesichtspunkten: Schnelle Verfügbarkeit, kostengünstig, interaktiv und die Webdesignbranche lässt sich naturgemäß online am besten erreichen. Der Onlinefragebogen enthielt insgesamt 13 Fragen zu den Bereichen Wettbewerbskräfte, Trends und Marktpotentialen der Webdesignbranche, siehe Anhang 2. Die Fragen konnten von den Teilnehmern im Multiple-Choice-Verfahren beantwortet werden, für einige Frage wurden zusätzliche Kommentarfelder eingeblendet, um zusätzliche Informationen zu erhalten.

Der Befragungszeitraum wurde auf vier Wochen festgelegt (22.10.2011 – 19.11.2011) und der Online-Fragebogen über branchenspezifische Blogs, dem sozialen Netzwerk Xing, sowie dem sozialen Dienst Twitter verteilt. Die Grundgesamtheit der durchgeführten Befragung und deren Repräsentanz ist durch die Gesamtzahl der 204[44] Teilnehmer und durch die begrenzte Kontrollmöglichkeit der Repräsentativität der befragten Personen nur eingeschränkt gegeben.[45] Es wurde versucht, diesen Umstand bei der Auswertung und Verarbeitung der erhobenen Informationen weitestgehend zu berücksichtigen. Insbesondere die hohe Teilnehmerzahl der Freelancer[46] im Vergleich zur Zahl der Agenturen wirkt sich in ungefilterter Form auf die Tendenzen der Umfrageergebnisse aus.[47] In diesem Zusammenhang wurden die erhobenen Daten unter Zuhilfenahme des univariaten Verfahrens[48] der Kreuztabellierung dargestellt, um belastbare Schlussfolgerungen zu ermöglichen, siehe Anhang 1.

---

[44] Vgl. Auswertung Fragebogen zur Branchenumfrage Webdesign, Anhang 1.
[45] Vgl. Bruhn, M. (2007), S. 100.
[46] Als Freelancer werden mit unter Personen bezeichnet, die für Unternehmen entgeltlich Aufträge ausführen, ohne dabei selbst bei dem Unternehmen angestellt zu sein. Vgl. Kahlert, H./Kajatin, C. (2004), S. 143.
[47] Vgl. Auswertung Fragebogen zur Branchenumfrage Webdesign, Anhang 1.
[48] Univariate Verfahren werden zur Untersuchung ausgewählter Variablen und deren Verteilung über die einbezogenen Elemente einer Erhebung eingesetzt. Vgl. Bruhn, M. (2007), S. 111.

4.1 Umweltanalyse

Die Umweltanalyse als Teil der strategischen Analyse untersucht die Rahmenbedingungen, die von der Unternehmensumwelt vorgegeben werden. Dieser zu betrachtende Rahmen beeinflusst den Markterfolg der jeweiligen Branche und wirkt sich auf die Erfolge der einzelnen Unternehmens aus.[49] Im Falle der SchalkoMedia, als kleines Mediendesign Unternehmen mit Hauptausrichtung auf das Geschäftsfeld Webdesign, spielen in erster Linie rechtliche und technologische Entwicklungen eine wichtige Rolle.

So hat eine im Rahmen dieser Studie durchgeführte Umfrage ergeben, dass die Webdesignbranche zukünftig vor allem von **technologischen Trends** wie dem Einsatz von HTML5[50] und Responsive Design stark beeinflusst werden könnte.[51] Besonders der Trend der Gestaltung von Internetseiten im Responsive Design findet seit der vermehrten Verbreitung von mobilen Endgeräten wie Smartphones und Tablets immer größere Beachtung.[52] Das Ziel von Responsive Design ist es, Besuchern einer Internetseite, unabhängig des verwendeten Ausgabegerätes und dessen Bildschirmauflösung den Inhalt visuell und funktional bestmöglich wiederzugeben.[53] Weiterhin spielen gegenwärtige Trends rund um Suchmaschinen-Optimierung von Internetseiten, eine wichtige Rolle und werden anhaltend nachgefragt.[54]

Neben technischen Neuerungen, die nach und nach in der jeweiligen Branche eingesetzt werden, beeinflussen nicht zuletzt große Unternehmen die **Verwendung von Standards** und die Verbreitung von Technologien. Zu diesen Unternehmen gehört bspw. Apple, welches im Jahre 2010 mithilfe seiner Marktmacht in den Bereichen Endgeräten und Software, die Verwendung der Multimedia-Software Adobe Flash begonnen hat zu boykottieren.[55] Dieser Boykott führte mitunter zu

---

[49] Vgl. Kuß, A./Tomczak, T./Reinecke, S. (2007), S. 33f.
[50] HTML5 ist eine textbasierte Auszeichnungssprache zur Darstellung von Inhalten bspw. wie Texten, Bildern und Hyperlinks in Dokumenten. HTML5 ist der Nachfolger von HTML4 und stellt eine Verbesserung in Punkten wie Kompatibilitäten, Verwendbarkeit und Sicherheit dar. Vgl. Öggl, K./Förster, K. (2011), S. 14ff.
[51] Vgl. Auswertung Fragebogen zur Branchenumfrage Webdesign, Anhang 1.
[52] Vgl. t3n (2011b), http://www.t3n.de/.
[53] Vgl. Webmasterpro (2011), http://www.webmasterpro.de/.
[54] Vgl. Auswertung Fragebogen zur Branchenumfrage Webdesign, Anhang 1.
[55] Vgl. Financial Times Deutschland (2010), http://www.ftd.de/.

einem rückläufigen Trend bei der Verwendung dieser Technologie.[56] Adobe Flash wurde bis zu diesem Zeitpunkt weit verbreitet eingesetzt, insbesondere zur Realisierungen von Internetseiten. Aus Sicht des Unternehmens Apple stellt Adobe Flash wiederum ein Sicherheitsrisiko für verschiedene Softwareumgebungen dar und wurde als zu langsam sowie untauglich für mobile Endgeräte befunden.[57] Im November 2011 teilte das Unternehmen Adobe mit, die Entwicklung der Multimedia Software für mobile Endgeräte einstellen zu wollen und sich im mobilen Bereich auf HTML5 zu konzentrieren.[58]

Rechtliche Rahmenbedingungen können sich ebenfalls auf den Einsatz verschiedener Technologien auswirken. Gleichwohl sich rechtliche Regelungen auf nationaler Ebene unterscheiden, so hat speziell das Patentrecht der Vereinigten Staaten von Amerika im Bereich Softwarepatente mitunter einen globalen Einfluss auf den Einsatz und die Verwendung von Technologien. So führt bspw. der Kampf um einen Webvideostandard dazu, dass die Verwendung von HTML5 frühzeitig verstärkt wurde. Durch den Einsatz von HTML5 in Verbindung mit dem selbstentwickelten Videostandard WebM versucht das Unternehmen Google seit April 2011 die patentgestützte Vormachtstellung des Lizenzenzverwalters MPEG LA bei Webvideostandards zu durchbrechen.[59]

Die Webdesignbranche in Deutschland wird weiterhin auch durch nationale rechtliche Regelungen beeinflusst. So führen bspw. die aktuellen Bemühungen des Schleswig-Holsteinischen Datenschutzbeauftragen Dr. Thilo Weichert dazu, dass Internetseitenbetreiber aus Schleswig-Holstein bei der Verwendung so genannter Social-Plugins[60] von Facebook in letzter Konsequenz mit Bußgeldern belegt werden können.[61] Dieses Vorgehen wird vom unabhängigen Landeszentrum für Datenschutz Schleswig-Holstein wie folgt begründet: „Die Formulierungen in den Nutzungsbedingungen und Datenschutzrichtlinien von Facebook genügen nicht

---

[56] Vgl. t3n (2011a), http://www.t3n.de/.
[57] Vgl. Financial Times Deutschland (2010a), http://www.ftd.de/.
[58] Vgl. Heise (2011c), http://www.heise.de/.
[59] Vgl. Heise (2011a), http://www.heise.de/.
[60] Social-Plugins stellen eine Form der Integration von sozialen Medien auf Internetseiten stellen dar, die von Facebook bereitgestellt werden, um personalisierte Inhalte auf externen Internetseiten wiedergeben zu können. Vgl. Ripperda, S. (2011), S. 14.
[61] Vgl. Heise (2011b), http://www.heise.de/.

annähernd den rechtlichen Anforderungen an gesetzeskonforme Hinweise, an wirksame Datenschutzeinwilligungen und an allgemeine Geschäftsbedingungen"[62].

Im Oktober 2011 äußerte die Bundesjustizministerin Sabine Leutheusser-Schnarrenberger, den Datenschutz in Deutschland grundlegend reformieren zu wollen, insbesondere was den Datenschutz im Zusammenhang mit sozialen Internetdiensten anbelangt.[63] Dementsprechend ist es für die jeweilige Branche notwendig, rechtliche Entwicklungen zu verfolgen und diese zu berücksichtigen. Beispielsweise gaben in der durchgeführten Umfrage 26 Prozent aller Teilnehmer an, das die Einbindung sozialer Dienste gegenwärtig einer der häufigsten Kundenwünsche sei.[64]

4.2   Branchenanalyse

Die Erfassung der Branche für Webdesigndienstleistungen in Deutschland stellt ein schwieriges Unterfangen dar. Insbesondere durch die Fülle an Freiberuflern die mitunter auch als Freelancer bezeichnet werden, ist ein Überblick kaum gegeben.[65] Einen Ansatzpunkt bieten veröffentlichte Statistiken, sowie diverse Erhebungen. Im Jahre 2009 betrug der **Branchenumsatz** für die Entwicklung von Internetauftritten in Deutschland rund 2,5 Mrd. Euro, siehe Abbildung 5.

---

[62] ULD (2011), http://www.datenschutzzentrum.de/.
[63] Vgl. Bundesministerium für Justiz (2011), http://www.bmj.de/.
[64] Vgl. Auswertung Fragebogen zur Branchenumfrage Webdesign, Anhang 1.
[65] Vgl. Volks- und Raiffeisenbank Gründerkonzepte (2011), S. 1. http://www.vr-bankmodul.de/.

Netto Branchenumsatz von Webdesigndienstleistungen in Deutschland 2002-2009

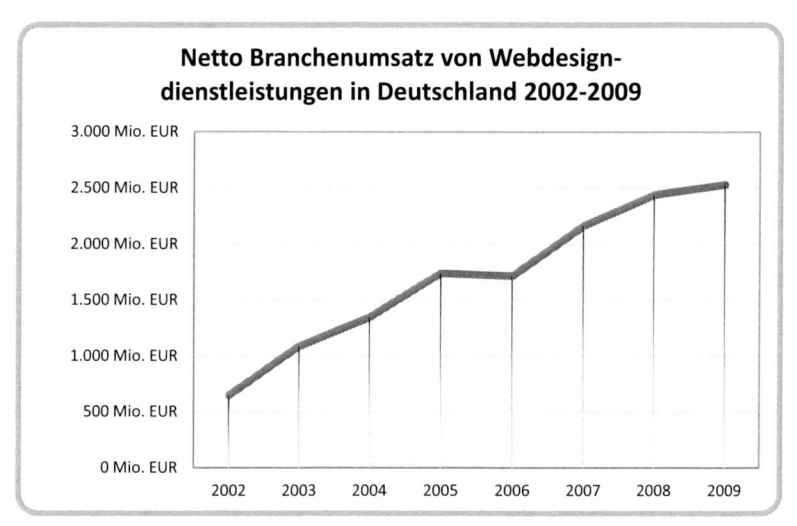

Abbildung 5: Netto Branchenumsatz von Webdesigndienstleistungen
(Quelle: Eigene Darstellung in Anlehnung
Statistisches Bundesamt (2011) http://www.destatis.de/)

Die vom Statistischen Bundesamt veröffentlichten Zahlen berücksichtigen alle Unternehmen, die dazu verpflichtet sind eine Umsatzsteuervoranmeldung abzugeben. Unberücksichtigt bleiben damit etwa alle Unternehmen, deren jährlicher Brutto Umsatz geringer als 17.500 Euro ausfällt.

Für eine nähere Betrachtung der Webdesignbranche müssen neben dem Branchenumsatz noch weitere Faktoren einbezogen werden. Dafür empfiehlt es sich die **Entwicklung der Registrierung von .de Domains**[66] zu berücksichtigen, die im Zeitraum 2000 bis 2011 durch ein rasantes Wachstum gekennzeichnet war.[67] Die Anzahl der Registrierungen von .de Domains ist seit Anfang 2000 mit rund 4 Mio. Domains, bis 2011 auf rund 15 Mio. Domains angestiegen, siehe dazu Abbildung 6. Die Zahl der Domainregistrierungen stellt indes nur einen Auftragsindikator für die Webdesignbranche dar. Nicht hinter jeder registrierten Domain verbirgt sich ein potentieller Auftrag, da Registrierungen oft vorsorglich, oder in Hinblick auf Gewinnerzielungsabsichten vorgenommen werden.[68]

---

[66] Top-Level-Domains (TLD) stellen die erste Ebene einer Internet-Adresse dar und lassen sich in generische TLDs und länderbezogene TLDs bspw. .de und .com unterscheiden. Vgl. Huber, F./Hitzelberger, F. (2010), S. 17f.
[67] Vgl. Denic (2012), http://www.denic.de/.
[68] Vgl. Huber, F./Hitzelberger, F. (2010), S. 100f.

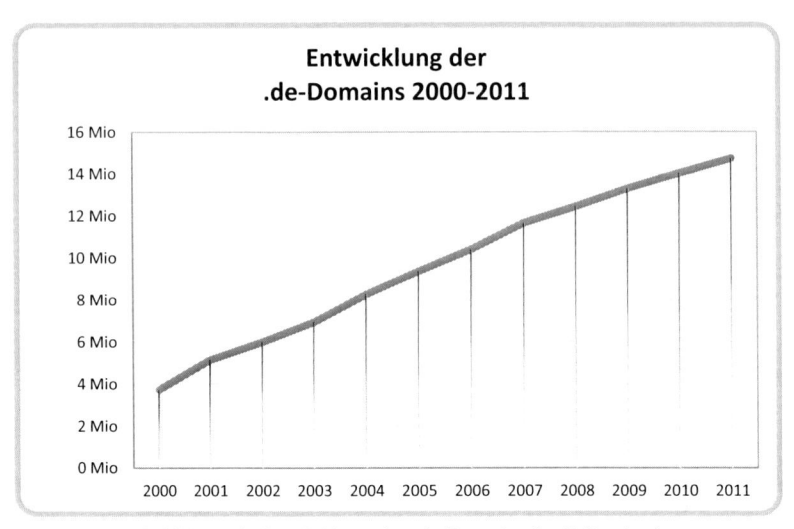

Abbildung 6: Entwicklung der .de Domains im Zeitverlauf
(Quelle: Eigene Darstellung in Anlehnung an Denic (2012), http://www.denic.de/)

Domains können von Privatpersonen als auch Unternehmen registriert werden, jedoch nur letztere stehen als potentielle Kunden im Fokus der Webdesignbranche. Gegenwärtig entfallen ca. 80 Prozent der registrierten .de Domains auf Privatpersonen und ca. 20 Prozent auf Unternehmen, was auf eine **Pareto-Verteilung**[69] hinweist. Hinzu kommt, dass deutsche Unternehmen auch andere Domains wie z.B. .com, .net, .org, und .eu für ihre Internetseiten verwenden.

Unter Berücksichtigung dessen, dass insbesondere Unternehmen im Fokus der Webdesignbranche stehen, kann die Zahl der **Betriebsgründungen** als ein weiterer Auftragsindikator angesehen werden. Im Zeitraum von 2005 – 2010 wurden in Deutschland vom Statistischen Bundesamt rund 940.000 Betriebsgründungen erfasst, davon allein rund 150.000 in 2010.[70] Im selben Jahr, wurde von dem eingetragenen Verein BITKOM erhoben, das deutschlandweit 80 Prozent aller Unternehmen eine eigene Internetpräsenz besaßen.[71] Der Erhebung nach blieben allen voran kleine Unternehmen und Handwerksbetriebe bei dieser

---

[69] Bei der Pareto-Verteilung handelt es sich um ein statistisches Phänomen, welches darauf hindeutet, dass eine kleine Anzahl (Unternehmen) von hohen Werten einer Wertmenge mehr zu deren Gesamtwert beitragen, als die hohe Anzahl (Privatpersonen) der kleinen Werte dieser Menge. Vgl. Pflaumer, P./Heine, B./Hartung, J. (2001), S. 77ff.
[70] Vgl. Statistisches Bundesamt (2010), S. 120. http://www.destatis.de/ und Statistisches Bundesamt (2011b), S. 148. http://www.destatis.de/.
[71] Vgl. BITKOM e.V. (2010), http://www.bitkom.org/.

Entwicklung außen vor. Neben Neugründungen weisen Unternehmen mit bereits längerfristig bestehenden Internetpräsenzen ebenfalls ein hohes Auftragspotential auf, was als Redesign bezeichnet wird.

Zur allgemeinen **Branchensituation** gaben 61 Prozent der im Rahmen dieser Studie befragten Unternehmen an, dass sie einen gegenwärtigen Markteintritt als schwieriger im Vergleich zu vor fünf Jahren einschätzen würden.[72] Diese Aussage kann etwa auf unbekannte Faktoren hindeuten, denen mit einer umfassenden Analyse der Wettbewerbsverhältnisse zu begegnen ist.

4.3 Analyse der Wettbewerbsverhältnisse

Die Analyse der Wettbewerbsverhältnisse gehört zur Umweltanalyse, welche eine nähere Bestimmung des Umfelds von Unternehmen innerhalb relevanter Märkte vornimmt. Das Ziel dieser Analyse ist es, die kritischen Faktoren für eine Marktbearbeitung durch Unternehmen zu identifizieren.[73] In diesem Zusammenhang beinhaltet die Analyse der Wettbewerbsverhältnisse eine umfassende Untersuchung der Kunden, Lieferanten und potenziellen Wettbewerber. Das verbreitetste Modell zur Analyse der Wettbewerbsverhältnisse in einer Branche, stammt von Michael E. Porter.[74] Um die vorherrschenden Strukturen besser verstehen zu können, werden die Wettbewerbskräfte in das Fünf-Kräfte-Modell nach Porter eingeordnet und deren Einflüsse auf das Unternehmen dargestellt. Im Wesentlichen handelt es sich dabei um die folgenden fünf Wettbewerbskräfte:

- **Die Verhandlungsmacht von Kunden**

Die Kunden als Abnehmer von Produkten und Dienstleistungen sind zumeist in einer besseren Position, speziell was den Druck auf die Preisgestaltung, Einfluss auf die Produktgestaltung und die Gewährung von Konditionen anbelangt.[75] Die Verhandlungsmacht der Kunden steigt tendenziell, wenn von wenigen Kunden große Nachfragevolumen ausgehen oder bspw. die Kunden in der Lage sind, die Produkte selbst herzustellen (Fremd- oder Eigenfertigung). Zusätzlich wirkt sich die

---

[72] Vgl. Auswertung Fragebogen zur Branchenumfrage Webdesign, Anhang 1.
[73] Vgl. Porter, M. E. (2008), S. 36.
[74] Vgl. Meffert, H./Burmann, C./Kirchgeorg, M. (2008), S. 5.
[75] Vgl. Kuß, A./Tomczak, T./Reinecke, S. (2007), S. 37.

Marktransparenz entscheidend auf die Verhandlungsmacht der Kunden aus, da mit mit vollständigen Informationen ein größerer Preisdruck ausgeübt werden kann.[76]

- **Die Verhandlungsmacht von Lieferanten und Zulieferern**

Von Lieferanten und Zulieferern kann die Gefahr der Preiserhöhung von Dienstleistungen sowie Waren ausgehen. Lieferanten mit erheblicher Marktmacht können damit die Profitabilität von ganzen Branchen schmälern.[77] Die Mächtigkeit der Lieferanten ähnelt der Verhandlungsmacht der Kunden. Eine ungebrochene Verhandlungsmacht der Lieferanten liegt bspw. vor, wenn die Abnahmemengen der Kunden aus Sicht des Lieferanten nur einen geringen Anteil darstellen, oder es für die Produkte des Lieferanten kaum Substitute gibt.

- **Die Rivalität zwischen etablierten Unternehmen derselben Branche**

Innerhalb einer Branche muss die vorherrschende Marksituation berücksichtigt werden, bspw. ob der Markt von andauernden Preiskämpfen und von aggressiven Verhalten der Konkurrenten geprägt ist.[78] Die Analyse der Rivalitäten von Unternehmen hat vor allem Bedeutung für die Charakterisierung der Wettbewerbsverhältnisse in einer Branche.[79] Unterscheiden sich bspw. die Produkte und Leistungen der Marktteilnehmer kaum voneinander, stellt für die Kunden der Preis das auffälligste Unterscheidungsmerkmal dar und es kommt zu Preiswettbewerben. In Märkten mit kaum, niedrigen oder leicht rückläufigen Wachstum, lässt sich der Umsatz der Anbieter nur auf Kosten der anderen Wettbewerber durch die Eroberung von Marktanteilen steigern.[80]

- **Die Bedrohung durch neue Konkurrenten**

Markteintritte neuer Anbieter beeinflussen unmittelbar die Wettbewerbsvorteile der etablierten Unternehmen.[81] Das mit den neuen Marktteilnehmern verbundene zusätzliche Angebot, drückt bei gleichbleibender Marktnachfrage die Rendite der anderen Wettbewerber.[82] Vorhandene Markteintrittsbarrieren wirken sich auf den Erfolg und auf die wirtschaftliche Position neuer Anbieter aus. Ein bereits etabliertes Markenbewusstsein bei den Kunden durch die Konkurrenz, stellt neue

---

[76] Vgl. Porter, M. E. (2008), S. 61.
[77] Vgl. ebenda, S. 63f.
[78] Vgl. Kuß, A./Tomczak, T./Reinecke, S. (2007), S. 38.
[79] Vgl. ebenda.
[80] Vgl. Porter, M. E. (2008), S. 52.
[81] Vgl. Olbrich, R. (2006), S.38.
[82] Vgl. Porter, M. E. (2008), S. 39.

Anbieter vor erhebliche Herausforderungen und Anstrengungen in den Bereichen Werbung, Service und Qualität, um eine vergleichbare Position einnehmen zu können. Des Weiteren verringern etwaige Umstellungskosten bei den Kunden die Chancen neuer Marktteilnehmer.

- **Die Bedrohung durch Substitute**

Eine Gefahr geht von Ersatzprodukten aus, die den Abnehmer einen gleichen oder ähnlichen Nutzen wie das eigene Produkt stiften.[83] Dabei müssen die Ersatzprodukte nicht zwangsweise aus derselben Branche stammen.[84] Besonders bei großer Ähnlichkeit der Ersatzprodukte zum eigenen Produkt, besteht die Gefahr der Substituierbarkeit. Die anfallenden Umstellungskosten sowie die Produktloyalität der Kunden spielen eine wichtige Rolle bei der Bedrohung durch Substitute. Auch kann eine hohe Preiselastizität der Nachfrage dazu führen, dass bei steigenden Preisen viele Kunden auf Substitutionsprodukte umsteigen.[85]

Aus der Branchenanalyse ergeben sich für das Unternehmen Hinweise und Schwerpunkte zur Entwicklung einer Marketingstrategie. So spielt die Analyse der Verhandlungsmacht der Kunden bspw. eine wichtige Rolle über die Entscheidung, welche Kundensegmente zukünftig bedient werden sollen. Zur Systematisierung der in der Webdesignbranche wirkenden Wettbewerbskräfte wurde das Fünf-Kräfte-Modell der Wettbewerbsintensität nach Porter verwendet. Abbildung 7 fasst die Ergebnisse der Branchenanalyse zusammen, die mit Hilfe der Primär- und Sekundärforschung erhoben worden sind.[86]

---

[83] Vgl. Kuß, A./Tomczak, T./Reinecke, S. (2007), S. 40.
[84] Vgl. Olbrich, R. (2006), S. 38.
[85] Vgl. Porter, M. E. (2008), S. 58f.
[86] Vgl. Auswertung Fragebogen zur Branchenumfrage Webdesign, Anhang 1.

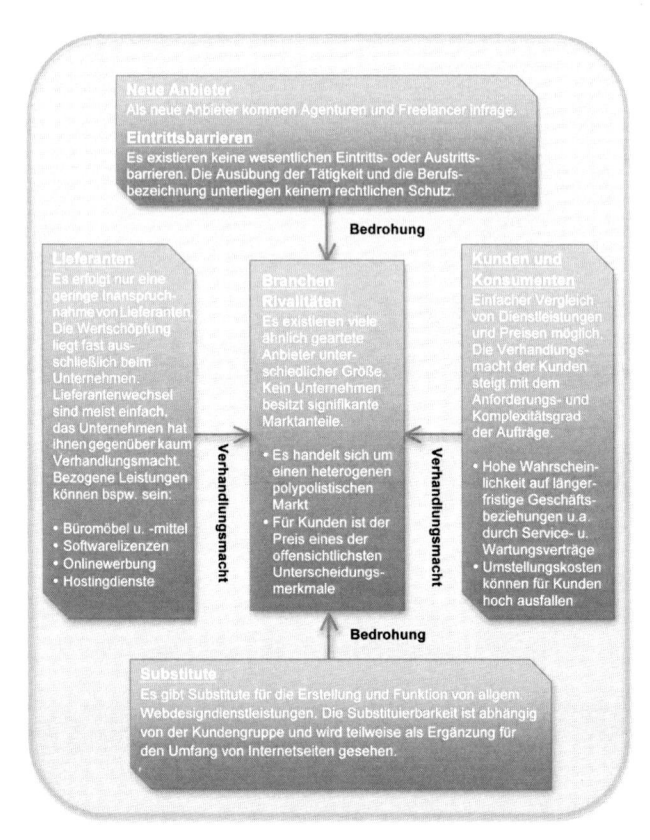

Abbildung 7: Die deutschsprachige Webdesignbranche im Fünf-Kräfte-Modell
(Quelle: Eigene Darstellung in Anlehnung an Porter, M. E. (2008), S. 36.)

4.3.1 Markteintritts- und Marktaustrittsbarrieren

Nach der Umfrage, die im Rahmen dieser Studie durchgeführt wurde, stehen neue Unternehmen in der Webdesignbranche nur niedrigen Eintrittsbarrieren gegenüber. Die Befragten gaben an, dass die verhältnismäßig größten Hürden bei der Unternehmensgründung die Anschaffungskosten für Software 27 Prozent, Hardware 18 Prozent und die Büroräume 22 Prozent seien.[87] Speziell bei Einzelunternehmern in der Gründungsphase liegen bspw. die Kosten für Büromöbeln und –materialien samt Stromverbrauch nicht viel höher als vergleichsweise in einem Privathaushalt.[88] Unter Berücksichtigung dessen fällt die Höhe des benötigten Startkapitals zur Gründung eines Webdesignunternehmen relativ gering

---

[87] Vgl. Auswertung Fragebogen zur Branchenumfrage Webdesign, Anhang 1.
[88] Vgl. Adler, M. (2009), S. 5. http://www.online-marketing-blog.eu.

aus und stellt somit keine erhebliche **Markteintrittsbarriere** dar. Des Weiteren steht die Webdesignbranche keinen infrastrukturellen Einschränkungen gegenüber, auch eine regionale Abgrenzung nach Sprachräumen ist nur als bedingte strategische Eintrittsbarriere anzusehen.[89] In diesem Zusammenhang sollte man wohlmöglich eher von einer **deutschsprachigen Webdesignbranche** ausgehen, da sich bspw. eine Sprachbarriere nicht auf Österreich oder Teile der Schweiz beziehen lässt. In der Umfrage gaben die Unternehmen an, dass das Vorhandensein von Kenntnissen in den Bereichen Gespür für Design, Programmierung und Marketing als wesentliche Voraussetzungen zum Einstieg in die Webdesignbranche angesehen werden.[90] In Deutschland gibt es bisher keinen einheitlichen geregelten Ausbildungsberuf zum Webdesigner, viele der benötigten Fähigkeiten werden meist autodidaktisch oder durch Schulungen bzw. in ähnlichen Berufen erworben. Die Ausübung der Tätigkeit und die Berufsbezeichnung des Webdesigners, unterliegen keinem besonderen rechtlichen Schutz.[91]

Potentielle **Marktaustrittsbarrieren** stellen sich ähnlich niedrig dar, wie die bereits aufgeführten Markteintrittsbarrieren der Webdesignbranche. Die meisten Unternehmen besitzen keine kostenintensiven Anlagen und kommen je nach Aufstellung mit wenig Personal aus. Unter Einbeziehung dieser Faktoren fallen soziale Verantwortung und die Freisetzung von gebundenem Kapital bei einer möglichen Unternehmensauflösung größtenteils weg.[92]

4.3.2 Bedrohung durch neue Anbieter

Eine Bedrohung durch neue Anbieter für bestehende Unternehmen in der Webdesignbranche ist in erster Linie durch die niedrigen Markeintritts- und Marktaustrittsbarrieren stets gegeben. **Neuen Anbietern** ist es möglich, mit ähnlichen Kostenstrukturen wie bereits etablierte Unternehmen zu agieren. Anfänglich müssen sich diese neuen Anbieter aber vor allem um Informationsbeschaffung, Referenzen, Kundenakquise und das Knüpfen von Kontakten kümmern. Wettbewerbsvorteile aus Kostensicht sind in erster Linie nur bei etablierten Unternehmen durch Lerneffekte und die Erfahrungskurve bei

---
[89] Vgl. Meffert, H./Bolz, J. (1994), S. 133.
[90] Vgl. Auswertung Fragebogen zur Branchenumfrage Webdesign, Anhang 1.
[91] Vgl. Pooker, N. (2009), S. 319f.
[92] Vgl. Weber, W. G./Pasqualoni, P./Burtscher, C. (2004), S. 260f.

bestehender Geschäftstätigkeit möglich.[93] Die für die **Kostenstruktur** relevanten Einsparungen, lassen sich hauptsächlich bei der aufzuwendenden Arbeitszeit realisieren, bspw. durch das Verwenden von Templates[94] im Bereich Design und im Bereich der Programmierung durch den Einsatz von Content-Management-Systemen, sowie dem Wiederverwerten bereits erstellter Programmcodes. In der Branchenumfrage gaben 67 Prozent der Teilnehmer an, dass sie sich bei der Preisgestaltung auf ihre eigene Kostenkalkulation stützten, 27 Prozent der Befragten orientieren sich am Branchendurchschnitt und 6 Prozent an den Preisen der direkten Konkurrenz.[95]

4.3.3 Branchenrivalität

Betrachtet man die deutschsprachige Webdesignbranche fällt auf, das diese aus vielen Unternehmen mit vielen verschieden Kunden besteht, es aber kaum Unternehmen oder Kunden gibt, die große Marktanteile auf sich vereinen können. Unter Berücksichtigung dieser Merkmale lässt sich die Behauptung aufstellen, dass es sich bei der deutschsprachigen Webdesignbranche um einen **heterogenen polypolistischen Markt** handelt. Diese Feststellung deutet darauf hin, dass es innerhalb der Webdesignbranche nur eine geringe **Branchenrivalität** existiert. Dieser Zustand begünstigt Kooperationen zwischen einzelnen Unternehmen, besonders unter Freelancern, um größere Projekt bewältigen zu können oder fehlendes Knowhow zu ergänzen. Neben Kooperationen mit Webdesignern sind ebenfalls strategische Partnerschaften mit Unternehmen aus anderen Bereichen wie bspw. Fotografie und Musik denkbar, siehe dazu Anhang 5.

4.3.4 Verhandlungsmacht der Kunden

Potentielle Kunden für Webdesignleistungen können verschiedene Anbieter relativ einfach anhand von Preisen und Serviceleistungen vergleichen. Den Kunden ist es möglich, sich über ausgewiesene Referenzen ein eigenes Bild über die Fähigkeiten des jeweiligen Anbieters zu machen. Einschränkend wirkt, dass vielen Kunden die technische Versiertheit fehlt, um Referenzen qualitativ nach Programmierung und Design vollständig bewerten zu können.[96] Unter Berücksichtigung dessen, stellt sich die Verhandlungsmacht der Kunden nach Porters Modell wie folgt dar: Die

---

[93] Vgl. Kuß, A./Tomczak, T./Reinecke, S. (2007), S. 25.
[94] Templates sind im Allgemeinen Mustervorlagen bzw. Schablonen, die bei Bedarf verwendet und mit Inhalten gefüllt werden können. Vgl. Wang, V. (2010), S. 186.
[95] Vgl. Auswertung Fragebogen zur Branchenumfrage Webdesign, Anhang 1.
[96] Vgl. Pooker, N. (2009), S. 54.

Interessenten für Internetseiten können Geschäfts- sowie Privatkunden , Vereine und Organisationen sein. Innerhalb der Gruppe der Geschäftskunden kann man zwischen Unternehmen, die lediglich eine Internetseite für Repräsentationszwecke benötigen und Unternehmen, die größere Vorhaben wie bspw. einen Onlineshop oder andere Onlineangebote verfolgen, unterscheiden.[97]

Die Gruppe der **Geschäftskunden**, die lediglich eine Internetseite zu Repräsentationszwecken benötigt, besteht oft aus kleinen Unternehmen sowie Freiberuflern wie Anwälten und Ärzten.[98] Verglichen mit dem Komplexitätsgrad der Internetseite eines Privatkunden, weist diese Kundengruppe höhere Anforderungen an den Umfang der zu erstellenden Internetseite auf. Die Kunden selbst haben zumeist größere Ansprüche, besonders was die Aufmachung und eventuell nachfolgenden Servicedienstleistungen betrifft.[99] Diese Gruppe der Geschäftskunden vergleicht eher Anbieter und Preise als die Gruppe der Privatkunden. Die Verhandlungsmacht dieser Kundengruppe wirkt sich aufgrund des geforderten Umfangs mehr auf die Preisgestaltung aus, insbesondere für nachfolgende oder begleitende Servicedienstleistungen wie z.B. Wartung und Search Engine Optimization[100] (SEO).[101]

Geschäftskunden, die eine Internetseite mit zusätzlichen Onlineshop oder noch anderen Onlineangeboten wünschen, haben eine größere Verhandlungsmacht gegenüber Webdesignunternehmen.[102] Durch die Anforderungen an das Können und die Erfahrung des ausführenden Unternehmens bewegen sich diese sehr individuellen Internetseiten im höheren Preissegment. Auch die Einbindung des Kunden in die Entwicklung ist deutlich größer als bei den anderen Kundengruppen.[103] Das Unternehmen muss die Kunden davon überzeugen, dass es über die nötigen Kompetenzen und Ressourcen verfügt, um die gewünschte Internetseite realisieren und um ggf. längerfristige Geschäftsbeziehungen zu

---

[97] Vgl. Adler, M. (2009), S. 5. http://www.online-marketing-blog.eu.
[98] Vgl. Pooker, N. (2009), S. 144.
[99] Vgl. Adler, M. (2009), S. 4f. http://www.online-marketing-blog.eu.
[100] Unter dem Begriff der Search Engine Optimization werden Maßnahmen verstanden, die dazu dienen sollen, das Internetseiten im Ranking von Suchmaschinen höher bewertet werden, um so bspw. auf der ersten Seite von entsprechenden Suchtreffern zu erscheinen. Vgl. Weber, N, (2010), S. 191.
[101] Vgl. Pooker, N. (2009), S. 539f.
[102] Vgl. Auswertung Fragebogen zur Branchenumfrage Webdesign, Anhang 1.
[103] Vgl. Pooker, N. (2009), S. 174.

unterhalten, die eventuell zu weiteren Dienstleistungen und Folgeaufträgen führen können.[104] Geschäftskunden im Allgemeinen, können auch ausschließliche Serviceleistungen wie bspw. Beratungen ohne direkte Webdesigndienstleistungen in Anspruch nehmen.

Privatkunden, die ihre Internetseite für persönliche Zwecke verwenden wollen, bspw. um Urlaubsbilder zu zeigen, haben laut der Befragung nur eine geringe bis bedingte Verhandlungsmacht gegenüber Anbietern, um die Preisgestaltung zu beeinflussen.[105] Dieser Kundengruppe fehlt oft das Verständnis für technische und gestalterische Erfordernisse einer Internetseite. Trotz dieser Defizite kann das Unternehmen gegenüber diesen Kunden keine überhöhten Preise verlangen, denn im Vergleich zu anderen Onlineangeboten stellt die Internetseite eines Privatkunden einen geringeren Arbeitsaufwand dar und gilt deswegen als so genannte Microsite.[106] Privatkunden ziehen auch bei Preissteigerungen ihre Anfragen häufiger zurück, da für diese Kunden zumeist kein dringendes Erfordernis besteht eine eigene Internetseite zu besitzen. Zum Veröffentlichen von bspw. Urlaubsbildern reicht vielen Privatkunden die Möglichkeiten, die soziale Netzwerke, sowie kostenlose Blogdienste bieten.[107] **Vereine und Organisationen** als Kundengruppe ähneln den Privatkunden in ihren Anforderungen und verwenden ihre Internetseite zumeist als Journal sowie zur Kontaktmöglichkeit zwischen den Vereins- und Organisationsmitgliedern. In ihrer Entscheidungsfindung und Abstimmungsbedarf ähneln sie mehr der Gruppe der Geschäftskunden.

4.3.5 Verhandlungsmacht der Zulieferer

Die Verhandlungsmacht der Zulieferer spielt für Unternehmen in der Webdesignbranche eine untergeordnete Rolle. Im Vergleich zu klassischen Unternehmen, die bspw. zum Herstellen von Produkten Rohstoffe benötigen, bieten Webdesignunternehmen virtuelle Produkte und Dienstleistungen an. Die befragten Unternehmen gaben an, dass folgende Punkte aus ihrer Sicht die Hauptkosten im Bereich Webdesign repräsentieren, siehe dazu Abbildung 8 und Abbildung 9.

---

[104] Vgl. ebenda, S. 319f.
[105] Vgl. Auswertung Fragebogen zur Branchenumfrage Webdesign, Anhang 1.
[106] Als Microsite wird eine schlanke Internetseite, mit wenig Unterseiten und geringer Navigationstiefe bezeichnet. Vgl. Buss, A. (2009), S. 401.
[107] Vgl. Facebook (2011a), http://www.facebook.com/.

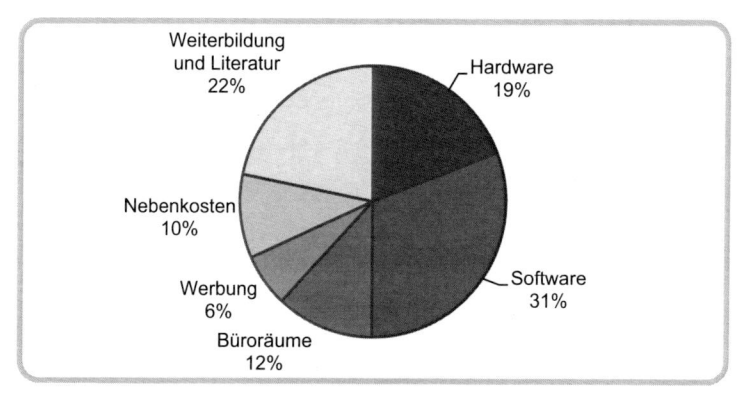

Abbildung 8: Kostenschwerpunkte der Webdesigner aus Sicht der Freelancer
(Quelle: Eigene Darstellung aus Branchenumfrage Webdesign, Auswertung Anhang 1)

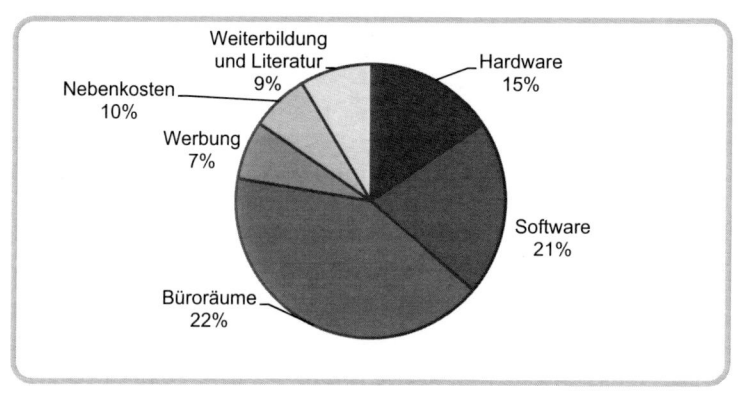

- Weiterbildung und Literatur 22%
- Hardware 19%
- Software 31%
- Büroräume 12%
- Werbung 6%
- Nebenkosten 10%

Abbildung 9: Kostenschwerpunkte der Webdesigner aus Sicht der Agenturen
(Quelle: Eigene Darstellung aus Branchenumfrage Webdesign, Auswertung Anhang 1)

- Weiterbildung und Literatur 9%
- Hardware 15%
- Software 21%
- Büroräume 22%
- Werbung 7%
- Nebenkosten 10%

Keine der in Abbildung 8 und Abbildung 9 dargestellten Kostenschwerpunkte fallen i.d.R. bei der direkten Leistungserstellung eines Webdesignunternehmen an und lassen sich somit zu den Fixkosten zählen. Personalkosten dazu im Vergleich, fallen bei der eigentlichen Leistungserstellung an und zählen zumeist zu den variablen Kosten. Unter diesen Gesichtspunkten ist **die Verhandlungsmacht von Lieferanten** als gering anzusehen. Die Kosten für Anmietung von Büroräumen können anfänglich meist vernachlässigt werden. Ein Webdesignunternehmen ist örtlich nicht gebunden und Kundengespräche können beim Kunden vor Ort oder bspw. in einem Restaurant, sowie telefonisch geführt werden. Mietkosten für Büroräume und weitere Nebenkosten werden erst ab einer bestimmten Unternehmensgröße relevant. Kosten für Werbemaßnahmen sind ebenfalls abhängig von der eigenen Unternehmensgröße und dem dafür verwendeten Werbeträger.

Insbesondere **Onlinewerbung** zur Neukundengewinnung wird auf Plattformen wie Google AdWords[108] geschalten, die Verhandlungsmacht der Anbieter von Onlinewerbeflächen wäre dem eigenen Unternehmen gegenüber als groß einzuschätzen.[109] Neben diesen Punkten fallen auch weitere Kosten für Unternehmer an, wie bspw. Versicherungen und Aufwendungen für Rechts-beratungen, sowie etwaige Softwareupdates von erworbenen Softwarelizenzen.

4.3.6 Gefahr durch Substitute

Für die Webdesignbranche besteht eine latente Gefahr durch Substitute. Als Substitute kommen alle Ersatzprodukte in Frage, die die vorhandenen Bedürfnisse der Kunden auf eine ähnliche Art befriedigen können.[110] Im Falle der Webdesignbranche gibt es **Substitute für die Erstellung** und für die Funktion von Internetseiten. Zur Erstellung von Internetseiten gibt es zwei wesentliche Substitute, zum einen **Internetseiten-Baukästen** und zum anderen WYSIWYG-Editoren[111]. Baukästen-Systeme werden u.a. von diversen Internet Service Providern (ISP), wie der 1&1 Internet AG angeboten. Insbesondere der ISP 1&1 wirbt mit seinem Internetseiten-Baukasten um Privatkunden, KMU und Vereine.[112] Vordergründlich können Kunden aus vorgefertigten Designs ihre Internetseite zusammenstellen und mit Inhalten befüllen. Als Einschränkungen der Baukasten-Systeme gelten insbesondere die fehlende Individualität und Flexibilität. Unabhängig davon könnten sich Privatkunden, Vereine, Organisationen und kleine Unternehmen aus Kostengründen für dieses Substitut entscheiden. Ein weiteres Substitut, die **WYSIWYG-Editoren** stehen größtenteils kostenfrei zu Verfügung, sie bedürfen lediglich etwas Einarbeitungszeit. Als Nachteil dieses Substituts ist die teilweise nicht W3C[113] konforme Codeausgabe zu sehen, die wiederum zu Darstellungsproblemen in verschiedenen Browsern führen kann.[114]

---

[108] Google AdWords ist eine Form von Internetwerbung, die auf den Suchmaschinen-Ergebnisseiten von Google und anderen Internetseiten auf Basis individueller Schlüsselwörter wiedergegeben wird. Vgl. Google AdWords (2011), http://adwords.google.de/.
[109] Vgl. Gevestor (2011), http://www.gevestor.de/.
[110] Vgl. Kuß, A./Tomczak, T./Reinecke, S. (2007), S. 40.
[111] WYSIWYG-Editoren, deren Abkürzung gemeinhin für *What You See Is What You Get* steht, stellen Editoren dar, mit denen sich ähnlich wie in Textverarbeitungsprogrammen Internetseiten ohne Programmierkenntnisse erstellen lassen. Vgl. Rieber, P. (2009), S. 724.
[112] Vgl. 1&1 Internet AG (Homepage), http://www.1und1.de/.
[113] Das World Wide Web Consortium kurz W3C ist ein internationales Gremium zur Standardisierung der im Internet eingesetzten Techniken, darunter fallen u.a. HTML, XHTML, CSS und XML. Vgl. Rieber, P. (2009), S. 419.
[114] Vgl. Angeli, S./Kundler, W. (2009), S. 616.

Als **Substitute für die Funktion** einer von einem Webdesignunternehmen einzeln erstellten Internetseite kommen u.a. Firmenprofile auf sozialen Netzwerken und freie Blogdiensten in Frage. Viele Internetseiten von Unternehmen dienen in erster Linie als Repräsentationsmittel. Diese Funktion der Repräsentation wird Unternehmen auf Plattformen, wie bspw. dem **sozialen Netzwerk** Facebook, durch Firmenprofile kostenfrei angeboten.[115] Insbesondere Unternehmen, deren Zielgruppen verstärkt soziale Dienste und Netzwerke nutzen, können über das Firmenprofil ihre Kunden möglicherweise besser erreichen, als über die eigene Internetseite. Neben der reinen Repräsentationsmöglichkeit bieten auch einige soziale Netzwerke, wie bspw. Facebook, Unternehmen an, innerhalb der eigenen Plattform einen Shop zu betreiben, virtuelle Dienstleistungen zu offerieren, sowie darüber hinaus virtuelle, als auch realwirtschaftliche Güter zu vertreiben.[116] Wahrscheinlicher ist es aber, dass diesem Substitut eine Ergänzungsfunktion zukommt, anstelle einer vollständigen Ersatzfunktion, grundlegend erweitern soziale Medien wie Twitter das reguläre Angebot von Internetseiten.[117] **Blogdienste** als Substitute können vor allem bei Privatkunden, Vereinen und einigen Organisationen zum Einsatz kommen, die ihre Internetseite fast ausschließlich als Journal nutzen möchten. In diesem Zusammenhang genügt den beiden Zielgruppen zumeist der angebotene Leistungsumfang von freien Blogdiensten und sie sehen über Einschränkungen, wie das Verwenden von Subdomains bspw. http://vereinsname.blogdienst.de/ hinweg, welche für Unternehmen weniger akzeptabel sind. Die Einschränkung durch Subdomains wird aufgehoben, wenn sich die betreffende Kundengruppe einen eigenen Webserver und eine Domain anmietet, um darüber den Blog zu betreiben. Ähnlich wie bei den Firmenprofilen in sozialen Netzwerken kommen Blogdienste speziell für Unternehmen eher Ergänzungsfunktionen hinzu.[118] Unter Berücksichtigung dessen können Funktionssubstitute auch direkt von Webdesignunternehmen angeboten werden, einzeln oder als Bestandteil eines größeren Auftrages.

4.3.7 Kritik an Porters Fünf-Kräfte-Modell

Porters Modell stellt eine Möglichkeit dar, die vorherrschenden Wettbewerbskräfte in einer Branche zu bestimmen. Das Modell dient einer systematischen und

---
[115] Vgl. Facebook (2011b), http://www.facebook.com/.
[116] Vgl. Designbeep (2011), http://designbeep.com/.
[117] Vgl. FAZ (2011), http://www.faz.net/.
[118] Vgl. FAZ (2011), http://www.faz.net/.

umfassenden Betrachtung von wettbewerbsrelevanten Faktoren, welche insbesondere bei Unternehmensgründungen wichtig sind, um etwaige Chancen und Risiken abwägen zu können.[119] Als Kritik an Porters Fünf-Kräfte-Modell ist zu werten, dass es eine Momentaufnahme erzeugt und so speziell für Märkte mit hoher Wettbewerbsdynamik ungeeignet ist.[120] Vorliegend wird von relativ statischen und stabilen Marktstrukturen ausgegangen. Das Modell wurde in der vorliegenden Arbeit als strukturierte Herangehensweise verwendet, um einen ersten Einblick von der Webdesignbranche zu erhalten.

4.4 Analyse potentieller Kunden

Bei Geschäftsaufnahme oder der Neuausrichtung von Unternehmen ist herauszufinden, wer als möglicher Kunde überhaupt in Frage kommt und welche Bedürfnisse es zu befriedigen gilt. Informationen über das Käuferverhalten und den Entscheidungsprozess sind entscheidend für die Entwicklung einer Marketingstrategie, sowie für die Positionierung und Ausrichtung der Marketing-Instrumente.[121]
In diesem Zusammenhang müssen die Besonderheiten von Dienstleistungen beim Marketing, siehe dazu Kapitel 2.2, auch bei der Analyse der potentiellen Kunden berücksichtigt werden. Vor allem da die Integration des externen Faktors, der durch die Kunden eingebracht wird, als wesentlich für die angebotenen Dienstleistungen angesehen wird.

Wie bereits unter dem Kapitel 4.3.4 beschrieben, werden Privatpersonen, Vereine, Organisationen und Unternehmen als potentielle Kunden für die Webdesigndienstleistungen des Unternehmens SchalkoMedia wahrgenommen. Zur Erklärung des Verhaltens von Käufern gibt es für Privatpersonen und Unternehmen verschiedene Ansätze.[122] Innerhalb dieser Modellansätze wird berücksichtigt, dass vor allem das Kaufverhalten von Privatpersonen durch intrapersonale und interpersonale Bestimmungsfaktoren[123] beeinflusst wird.[124] Im direkten Fokus der SchalkoMedia stehen insbesondere Unternehmen und Vereine. Aufgrund der

---

[119] Vgl. Eckhoff, F. (2004), S. 34.
[120] Vgl. Welge, M. K./Al-Laham, A. (2003), S. 225.
[121] Vgl. Kuß, A./Tomczak, T./Reinecke, S. (2007), S. 121f.
[122] Vgl. Meffert, H./Burmann, C./Kirchgeorg, M. (2008), S.102f.
[123] Als intrapersonale und interpersonale Bestimmungsfaktoren werden psychologische Konstrukte bezeichnet, die Auswirkungen auf das Kaufverhalten von Konsumenten haben, siehe dazu Anhang 3.
[124] Vgl. Kuß, A. (2006), S. 80.

größeren Ausrichtung auf **Geschäftskunden**, wird auf das Kaufverhalten von Privatpersonen im Verlaufe dieser Arbeit nicht weiter eingegangen.

Das **Kaufverhalten von Unternehmen** weicht im allgemeinen Vergleich zum Kaufverhalten der Privatpersonen in verschiedenen Punkten ab.[125] Kaufentscheidungen von Unternehmen hängen zumeist von fixierten Verfahrensregeln, rationalen Beweggründen und in Abhängigkeit von der Unternehmensgröße von Kollektiventscheidungen ab.[126] Unter Berücksichtigung dessen sind bei der Erklärung vom unternehmensbezogenen Kaufverhalten die Art und Anzahl der Entscheidungsträger mitunter zu berücksichtigen, siehe dazu Tabelle 1.

	Haushalte	**Unternehmen**
Individuum	Kaufentscheidung des Konsumenten	Kaufentscheidung des Repräsentanten oder Einzelunternehmers
Kollektiv	Kaufentscheidung von Familien	Kaufentscheidungen des Einkaufgremiums

Tabelle 1: Grundtypen von Kaufentscheidungen
(Quelle: Eigene Darstellung in Anlehnung an
Meffert, H./Burmann, C./Kirchgeorg, M. (2008), S.103)

Kollektive Erklärungsmodelle tragen dem Sachverhalt Rechnung, dass mehrere Personen mit unterschiedlichen Zielsetzungen und möglicherweise überlappenden Bewertungskriterien am Entscheidungsprozess teilnehmen können.[127] Diese Konstellationen, welche auch als Einkaufsgremium oder Entscheidergruppe bezeichnet werden können, sind speziell bei mittleren und größeren Unternehmen, Vereinen und Instituten anzutreffen. Aus der Konstellation der Einkaufsgremien heraus ergibt sich für das jeweilige Unternehmen die Schwierigkeit, den Verantwortlichen des Einkaufs zu identifizieren.[128] Ebenso problematisch ist es, die Zusammensetzung des Gremiums, sowie die darin bestehende Macht- und Autoritätsstruktur zu durchdringen. Es ist daher notwendig, die wichtigsten formalen und informalen Rollen und Beziehungen der Mitglieder des Gremiums hinsichtlich ihrer Auswirkung auf das Kaufverhalten zu analysieren, siehe dazu Anhang 4.

---

[125] Vgl. Meffert, H./Burmann, C./Kirchgeorg, M. (2008), S.140.
[126] Vgl. ebenda, S.102f.
[127] Vgl. Kuß, A. (2006), S. 103ff.
[128] Vgl. Meffert, H./Burmann, C./Kirchgeorg, M. (2008), S. 142ff.

Bei der Erbringung der angebotenen Dienstleistungen ist, wie bereits erwähnt, die Integration des externen Faktors zu berücksichtigen. Der **externe Faktor** spiegelt sich in einem gewissen Mitwirkungsgrad der Kunden wieder, was in der Literatur auch als Involvement bezeichnet wird.[129] Diese Mitwirkung der Kunden setzt sich, neben der Äußerung von Vorstellungen der Kunden, aus Feedback und Absprachen, sowie dem Bereitstellen von Informationen und Materialien zusammen. Der Umfang der Mitwirkung der Kunden hängt zumeist von der Größe des Auftrages, der Anzahl der Entscheider und grundlegend individuell vom jeweiligen Kunden ab. Innerhalb des Kapitels 4.3.4, wurden unter dem Aspekt der Verhandlungsmacht von Kunden einige Besonderheiten der verschiedenen Kundentypen ausführlich erläutert. Neben dem Knowhow zur Erbringung der eigentlichen Dienstleistungen zählen Kommunikationsfähigkeiten und Verhandlungsgeschick zu den wichtigsten Kernkompetenzen von Mediendesign Unternehmen.[130]

Als **Zielgruppe des Unternehmens SchalkoMedia** werden die Nachfrager verstanden, die als wahrscheinliche Kunden in Frage kommen. Die Kernfrage, wer mit dem Dienstleistungsangebot des Unternehmens angesprochen werden soll, ist für die spätere Ausrichtung der Marketing-Instrumente von entscheidender Bedeutung. Die Bestimmung der relevanten Zielgruppen ist dahingehend essentiell, da bei der Konzentration auf bestimmte Kundengruppen die Gefahr besteht, nur ein Teil des Marktes oder kein tragfähiges Segment anzusprechen.[131]

Für den Bereich Webdesigndienstleistungen gibt es verschiedene Anbieter und Kundensegmente. Wie in Tabelle 2 dargestellt, konzentrieren sich die verschiedenen Anbieter unterschiedlich stark auf die einzelnen Kundensegmente. Die Ausrichtung der einzelnen Anbieter auf die zu bearbeitenden Segmente erfolgt im Zusammenhang mit der Aufstellung bzw. Größe des jeweiligen Anbieters.

---

[129] Vgl. Kuß, A. (2006), S. 79.
[130] Vgl. Pooker, N. (2009), S. 25ff.
[131] Vgl. Pepels, W. (2004), S. 74f.

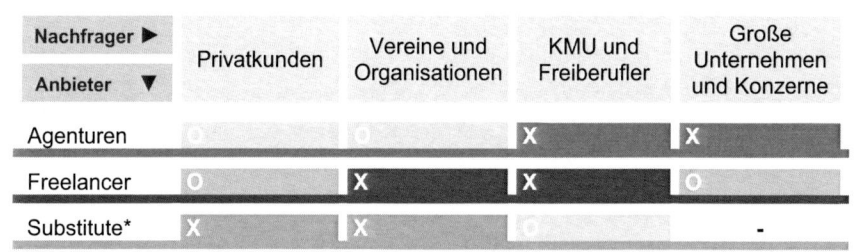

Nachfrager ▶ Anbieter ▼	Privatkunden	Vereine und Organisationen	KMU und Freiberufler	Große Unternehmen und Konzerne
Agenturen	O	O	X	X
Freelancer	O	X	X	O
Substitute*	X	X	O	-

*Substitute wie Internetseiten-Baukästen, Blogdienste und WYSIWYG-Editoren
X = trifft voll zu
O = trifft eingeschränkt zu
- = trifft nicht zu

Tabelle 2: Anbieter und Nachfrager von Webdesigndienstleistungen
(Quelle: Eigene Darstellung)

Das Unternehmen SchalkoMedia in seiner anfänglichen Aufstellung als Freelancer, konzentriert sich auf die Kundensegmente der KMU, Freiberufler und Vereine sowie diverse Organisationen. Innerhalb dieser Kundensegmente sind weitere Spezialisierungen möglich, bspw. die Konzentration auf Freiberufler wie Ärzte. Diese Art der Branchenspezialisierung wiederum lässt sich erst ab einem gewissen Grad der Branchenkenntnis und Informationen über die Auftragslage und finanzieller Tragfähigkeit des jeweiligen Segments treffen. Eine Aussage zur Spezialisierung oder Ausweitung der Kundensegmente kann erst bei laufender und anhaltender Geschäftstätigkeit unter Berücksichtigung der angestrebten Unternehmensziele getroffen werden.

4.5 Konkurrenzanalyse

Die Konkurrenzanalyse, welche auch als Wettbewerbsanalyse bezeichnet wird, unterteilt sich in zwei grundlegende Schritte.[132] Im ersten Schritt geht es darum, die für die SchalkoMedia relevanten Konkurrenten zu identifizieren und im zweiten Schritt diese genauer zu beleuchten. Insbesondere für Unternehmen in Gründung ist die Konkurrenzanalyse ein wichtiger Orientierungspunkt zur Ausrichtung des eigenen Angebots und zum Ausmachen möglicher Marktnischen.[133] Bei der Konkurrenzanalyse handelt es sich grundsätzlich um ein andauerndes und systematisch durchzuführendes Verfahren, welches mit dem Sammeln und Auswerten von Informationen beschäftigt ist, um als Unternehmen auf Ver-

---

[132] Vgl. Kuß, A./Tomczak, T./Reinecke, S. (2007), S. 41.
[133] Vgl. Rabbe, S./Stütz, C. (2005), S. 135.

änderungen im Wettbewerb entsprechend reagieren zu können.[134] Zur Identifizierung von relevanten Konkurrenten gibt es zwei verschiedene Methoden. Für die erste Methode werden die Kaufentscheidungen von Kunden näher betrachtet und analysiert, die sich zwischen gleichartigen oder ähnlichen Produkten anderer Wettbewerbern entschieden haben. Die zweite Methode versucht auf der Anbieterseite die Unternehmen zu identifizieren, die eine ähnliche bis gleiche Strategie verfolgen wie das eigene Unternehmen.[135] In der durchgeführten Branchenumfrage für diese Studie, gaben bspw. 60 Prozent der Unternehmen an, ihre Konkurrenten über Referenzen und Produkte zu beobachten sowie einzuschätzen.[136] Dieses Vorgehen impliziert, das die Identifizierung auf der Anbieterseite, eine wesentliche Möglichkeit für die Konkurrenzanalyse bei Webdesignunternehmen darstellt.

Für die **Konkurrenzanalyse des Unternehmens SchalkoMedia** wurden eine Reihe von Unternehmen identifiziert, die eine ähnliche Geschäftsaufstellung aufweisen und die ggf. Informationen zur besseren Marktpositionierung des eigenen Unternehmens liefern. Wie in der Abbildung 10 auszugsweise zu erkennen ist, gibt es bspw. in Deutschland zahlreiche Unternehmen die das Geschäftsfeld Webdesign anbieten.

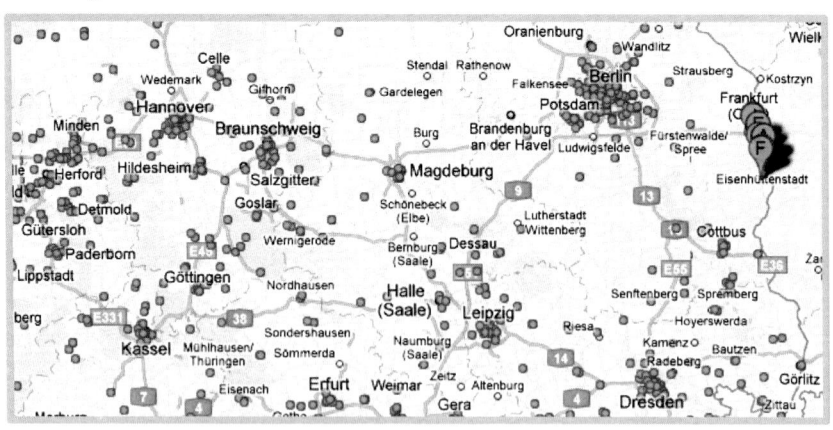

Abbildung 10: Räumliche Konkurrenzbestimmung
(Quelle: Google Maps (2011), http://maps.google.com/)

---

[134] Vgl. Rumer, K. (1998), S. 53.
[135] Vgl. Kuß, A./Tomczak, T./Reinecke, S. (2007), S. 41.
[136] Vgl. Auswertung Fragebogen zur Branchenumfrage Webdesign, Anhang 1.

Grundsätzlich besteht für keines dieser Unternehmen eine räumliche Einschränkung, speziell was das Anbieten und Erbringen von Webdesigndienstleistungen betrifft. In diesem Zusammenhang kann jedes Unternehmen landesweit, bundesweit oder sogar weltweit[137] agieren. Neben der persönlichen Kontaktaufnahme und Auftragsbearbeitung sind auch komplett virtuelle Auftragsbearbeitungen möglich, die per E-Mail, Telefon und mittels anderer technischer Lösungen realisiert werden können. Als Einschränkung sind u.a. Verständigungsprobleme durch Sprachbarrieren, Missverständnisse bei rein virtueller Bearbeitung und mögliche Vorbehalte der Kunden zu berücksichtigen.[138]

Im Rahmen der Identifizierung potentieller Konkurrenten sollten relevante Wettbewerber bestimmt werden, welche bei der Umsetzung und Erreichung der eigenen Unternehmensziele als hemmend anzusehen sind. Dazu gehören u.a. Anbieter, die im gleichen Markt um dieselben Kundengruppen konkurrieren. Der Ansatzpunkt ist demzufolge die Eingrenzung des in Frage kommenden Marktes, welcher für das Unternehmen SchalkoMedia vorerst auf den Landkreis Oder-Spree beschränkt wurde. Innerhalb dieser regionalen Eingrenzung wurden sechs direkte Hauptkonkurrenten identifiziert, deren Angebote aus Kundensicht große Ähnlichkeiten zur Aufstellung des Gründungsunternehmen aufweisen. Bei den identifizierten Konkurrenten handelt es sich um die folgenden Unternehmen: blissmedia, delectus media, ds-designArt, RB Media Group, webplastik und Wibe Webs. Prinzipiell stellen fast alle Mediendesign Unternehmen innerhalb des Landkreises Oder-Spree eine Konkurrenz für die SchalkoMedia dar, da insbesondere die Grundleistung des Webdesigns für den Kunden austauschbar ist. Die sechs identifizierten Konkurrenten weisen die größten Übereinstimmungen mit der SchalkoMedia und mit der Erreichung der angestrebten Unternehmensziele auf. Tabelle 3 gibt die Einordnung der **Wettbewerbsprofile** der sechs Hauptkonkurrenten, anhand folgender Kategorien wieder: Aufstellung, Marktabdeckung, Leistungsangebot, Grad der Ähnlichkeit zur SchalkoMedia, Zahl der Mitarbeiter, Kooperationen sowie weiteren Informationen. Als Informationsquellen dienten dazu vor allem die Internetseiten der einzelnen Anbieter, einige Informationen wurden direkt von den Unternehmen in Erfahrung gebracht.

---

[137] Unter der Berücksichtigung etwaiger rechtlicher oder sprachlicher Barrieren.
[138] Vgl. Köppel, P. (2007), S. 8. http://www.synergyconsult.de/.

Name	blissmedia	delectus media	ds-designArt	RB Media Group	webplastik	Wibe Webs
Aufstellung	kleine Agentur	kleine Agentur	Freelancer	Freelancer	kleine Agentur	kleine Agentur
Marktabdeckung	Webdesign Fullservice mit Zusatzangeboten	Webdesign Fullservice	Webdesign Fullservice mit Zusatzangeboten	Webdesign Fullservice mit Zusatzangeboten	Webdesign Fullservice, Werbemaßnahmen und Zusatzangebote	Webdesign Fullservice mit Zusatzangebot
Leistungsangebot	Webdesign, WCMS, Serviceverträge für Wartung und Aktualisierung, Domainregistrierung und Webhosting,	Webdesign, WCMS, Serviceverträge für Wartung und Aktualisierung, Domainregistrierung und Webhosting,	Webdesign, WCMS, Serviceverträge für Wartung und Aktualisierung, Domainregistrierung und Webhosting,	Webdesign, WCMS, Serviceverträge für Wartung und Aktualisierung, Domainregistrierung und Webhosting,	Webdesign, WCMS, Serviceverträge für Wartung und Aktualisierung, Domainregistrierung und Webhosting,	Webdesign, WCMS,
	SEO, SEM, Webcontrolling,	SEO, SEM, Webcontrolling,	SEO, Webcontrolling,	SEO, SEM,	SEO, SEM,	
	Printdesign		Printdesign, Logodesign	Printdesign		Printdesign, Logodesign
	Flash Animation und Programmierung, Datenbankoptimierung, Fotoerstellung	W3C-Kompatibilität, performante Programmierung	das Unternehmen betreibt einen Blog zu verschiedenen Webdesignthemen	Computer Service, das Unternehmen betreibt einen Blog zu verschiedenen Webdesignthemen	Flash Animation und Programmierung, Videobearbeitung, E-Mail Marketing, Facebookmarketing, Android und IOS Programmierung	
Grad der Ähnlichkeit zur Aufstellung der SchalkoMedia	Abweichende Aufstellung zur SchalkoMedia	Größte Übereinstimmung mit der Aufstellung der SchalkoMedia	Ähnliche Aufstellung wie die SchalkoMedia	Ähnliche Aufstellung wie die SchalkoMedia	Geringste Übereinstimmung mit der Aufstellung der SchalkoMedia	Ähnliche Aufstellung wie die SchalkoMedia
Zahl der Mitarbeiter (Einschließlich des/der Unternehmensgründer)	Zwei Person	Zwei Personen	Eine Person	Eine Person	Fünf Personen (Personalerweiterung für 2012 geplant)	Zwei Personen

Kooperationen	Keine genaue Angabe, zur Projektrealisierung werden aber auf Partner verwiesen.	Werbeagentur und Fotostudio.	Kooperation mit anderen Freelancern.	Druckerei	Es liegen keine weiteren Informationen vor.	Es liegen keine weiteren Informationen vor.
Kundenstruktur (Informationsquellen aus den angegebenen Referenzen)	Hauptsächlich KMU aus der Frankfurt (Oder) und vereinzelte Unternehmen aus einem Umkreis von bis zu 700km	Hauptsächlich KMU aus der Umgebung von Eisenhüttenstadt und vereinzelt Unternehmen aus einem Umkreis von bis zu 200km	Hauptsächlich KMU aus einem Umkreis von bis zu 600km und insbesondere Printdesigndienstleistungen für KMU aus Frankfurt (Oder)	Hauptsächlich KMU aus der näheren Umgebung und vereinzelt Unternehmen aus einem Umkreis bis zu 800km	Vereine, KMU und Privatpersonen zählen zu den Kunden des Unternehmens, in einem Umkreis von 150km	Hauptsächlich KMU aus der näheren Umgebung
Ansässig in	15230 Frankfurt (Oder)	15890 Eisenhüttenstadt	15230 Frankfurt (Oder)	15890 Eisenhüttenstadt	15230 Frankfurt (Oder)	15328 Alt Tucheband
Geschäftsräume für Kundenkontakt	Geschäftsräume für Kundenkontakt vorhanden	Keine Geschäftsräume für Kundenkontakt vorhanden	Keine Geschäftsräume für Kundenkontakt vorhanden	Geschäftsräume für Kundenkontakt vorhanden	Keine Geschäftsräume für Kundenkontakt vorhanden	Keine Geschäftsräume für Kundenkontakt vorhanden
Tätig seit	2000	1999	2009	2004	2009	2010
Internetadresse	www.blissmedia.de	www.delectus-media.de	www.ds-designart.de	www.rb-media-group.de	www.webplastik.de	www.wibe-webs.de

Tabelle 3: Wettbewerbsprofile der potentiellen Hauptkonkurrenten
Quelle: (Eigene Darstellung)

4.6 Potentialanalyse des Unternehmens

Die Potentialanalyse des Unternehmens SchalkoMedia soll zur Wiedergabe der Leistungsfähigkeit in Bezug auf Arbeitskraft, Fähigkeiten und den vorhanden Mitteln vorgenommen werden. Im konkreten Fall dieses Einmannunternehmens wird auf eine strukturierte Untersuchung verzichtet, da bestimmte Informationen, die es zu bewerten gilt, erst durch laufende Geschäftstätigkeiten erhoben werden können. In diesem Zusammenhang folgt lediglich eine Bestandsaufnahme zu Beginn der Geschäftstätigkeit.

Dem Unternehmen SchalkoMedia steht am Anfang eine volle **Arbeitskraft** in Form des Unternehmensgründers zur Verfügung. Der Unternehmensgründer Ruben Schalko verfügt wie bereits unter dem Kapitel 3.2 beschrieben, über entsprechend Fähigkeiten im Bereich Gestaltung und Programmierung. Der **Sitz des Unternehmens** befindet sich im Ort Neuzelle (ländliche Gegend in Brandenburg) in den Privaträumen des Unternehmers. Das zur Auftragsbearbeitung benötigte Equipment in Form von Hardware und Softwarelizenzen wurde zum gegenwärtigen Zeitpunkt bereits erworben. Für diverse Aufträge existiert bereits ein eigens programmiertes WCMS, des Weiteren sind schon einige Templates und Programmcodeteile für eine mögliche Wiederverwendung vorhanden.

Dem Unternehmen stehen zur Unterstützung von Marketingmaßnahmen 2000 Euro als **finanzielle Mittel** zur Verfügung. Bis zum Zeitpunkt Januar 2012 ist es dem Unternehmen möglich, die Internetseite des Diplomatischen Magazins als **Referenz** anzugeben und darüber hinaus einen entsprechenden Wartungs- und Servicevertrag aufzuweisen.[139] Zum selben Zeitpunkt werden die Internetseiten einer Kfz-Werkstatt und einer Bäckerei als Aufträge erstellt und als weitere Referenzen später genutzt. Für die Kfz-Werkstatt werden vom Unternehmen bereits regelmäßig Flyer entworfen und gedruckt. Darüber hinaus bestehen zum genannten Zeitpunkt keine **Kooperationen** zur Unterstützung des eigenen Leistungsangebots oder sonstige Aktivitäten zur Bekanntmachung des Unternehmens.

---

[139] Vgl. Diplomatisches Magazin (2012), http://www.diplomatisches-magazin.de/.

4.7 SWOT-Analyse

Als Zusammenfassung der bisher durchgeführten strategischen Analyse der internen und externen Faktoren wird zur Situationsbestimmung des Gründungsunternehmen die SWOT-Analyse angewendet. Die SWOT-Analyse als solche ist ein Instrument der strategischen Planung und kann zum Aufzeigen von Problemstellungen dienen, die sich aus spezifischen Marktsituationen ergeben.[140] Die englische Abkürzung SWOT steht hierbei für Strengths (Stärken), Weaknesses (Schwächen), Opportunities (Chancen) und Threats (Bedrohungen).[141] Zur Durchführung der SWOT-Analyse wurden die vorhandenen Stärken und Schwächen des Unternehmens sowie die zukünftigen Chancen und Risiken identifiziert, um diese zur Gesamtbetrachtung später in einer SWOT-Matrix gegenüberzustellen. In diesem Zusammenhang wurde zuerst die Stärken-Schwächen-Analyse und die Chancen-Risiken-Analyse für das Unternehmen SchalkoMedia durchgeführt.

Die **Stärken-Schwächen-Analyse** dient zur Einschätzung der internen Faktoren durch das direkte Vergleichen mit anderen Wettbewerbern.[142] Im Fokus stehen dabei insbesondere die verfügbaren Ressourcen. Dazu zählen bspw. Qualifikationen, Mitarbeiter und das eigene Unternehmensimage. Die identifizierten Faktoren wurden mit den Hauptkonkurrenten der SchalkoMedia verglichen, um diese jeweils als relative Schwäche oder Stärke einzuordnen, siehe Tabelle 4.

Stärken	Schwächen
• die allgemeine **Kostenstruktur** • **standardkonforme Programmierung** nach W3C Spezifikationen	• allgemeine Schwächen eines Gründungsunternehmens z.B. **fehlende Bekanntheit und Lerneffekte** • die **begrenzt verfügbare Arbeitskraft** schränkt mögliche Auftragsannahmen ein, sowie den Rahmen für zu bedienende Serviceverträge • das **eigene Leistungsangebot** lässt sich nur **schwer vom Konkurrenzangebot abheben** • das eigene Leistungsangebot **deckt ggf. nicht alle Kundenwünsche** ab • **gering verfügbarer finanzieller Rahmen** z.B. zur Unterstützung von Marketingmaßnahmen

Tabelle 4: Stärken-Schwächen-Analyse
Quelle: (Eigene Darstellung)

---

[140] Vgl. Bruhn, M. (2007), S. 41.
[141] Vgl. ebenda.
[142] Vgl. Bruhn, M. (2007), S. 42f.

Im Rahmen der **Chancen-Risiken-Analyse** wurden die bereits identifizierten externen Faktoren nach ihrer Bedeutung für das Unternehmen eingeordnet und bewertet.[143] Als Informationsquelle für die Chancen-Risiken Analyse dienen die erhobenen Daten aus der Umwelt- und Branchenanalyse. Ziel dieser Betrachtung ist es, negative und positive Potentiale für unternehmerische Entscheidungen innerhalb eines Zeitbezuges einschätzen zu können, siehe Tabelle 5.

Chancen	Risiken
• **Kaltakquisepotential** von Redesignaufträgen, im Zusammenhang mit dem **Trend Responsive Design** • Nachfragepotentiale für **Suchmachschinenoptimierung** und das einbinden von **sozialen Medien** auf bestehende Internetpräsenzen • Ausrichtung der Bezeichnungen des eigenen Leistungsangebots nach dem **Verständnis der potentiellen Kunden** (häufige Suchbegriffe, Empfängerorientiertes Marketing etc.) • **Kooperationen** zur Realisierung von Aufträgen eingehen um eventuelle Schwächen auszugleichen • aktives **Networking** betreiben • weiterhin zunehmende Bedeutung von Internetpräsenzen für KMU • **Branchenentwicklung** unter Berücksichtigung von Auftragsindikatoren und allgemeinen Wachstumszahlen	• **rechtliche Entwicklung** im Bereich Datenschutz im Zusammenhang mit sozialen Medien • die eingeschränkte technische **Versiertheit der Nachfrager** von Webdesigndienstleistungen • Bedrohung durch neue Wettbewerber aufgrund **niedriger Markteintrittsbarrieren** • große Anzahl bereits vorhandener Anbieter • technische Entwicklungen und Trends müssen beobachtet und bewertet werden, um die eigene **Zukunftsfähigkeit zu sichern** • die **Anbieter von Substituten** könnten ihre Angebote verbessern und sich ggf. stärker auf die Zielgruppe der KMU ausrichten

Tabelle 5: Chancen-Risiken-Analyse
Quelle: (Eigene Darstellung)

Im Folgenden wurden unter der Zuhilfenahme der **SWOT-Matrix** Überschneidungen der einzelnen Bereiche Stärken, Schwächen, Chancen und Risiken sichtbar gemacht. Diese Darstellungsform dient zur Konkretisierung von Risiken, gegen die sich das Unternehmen zur Nutzung seiner Stärken absichern sollte, als auch diejenigen Schwächen, die unter der gleichen Berücksichtigung es zu kompensieren gilt.[144] Weiter noch dient die SWOT-Matrix zur Aufdeckung von Gefahren, die sich aus internen Schwächen und externe Risiken verbinden könnten, siehe Tabelle 6.

---

[143] Vgl. Meffert, H./Burmann, C./Kirchgeorg, M. (2008), S. 233.
[144] Vgl. Stafflage, E. (2005), S. 246f.

SWOT-Matrix	Interne Analyse	
	Stärken (Strengths)	Schwächen (Weaknesses)
Externe Analyse — Chancen (Opportunities)	W3C konforme Programmierung stellt einen Eckpfeiler des Responsive Designs dar, dieser Vorteil verbindet sich mit der Chance des Kaltakquisepotential von Aufträgen im Zusammenhang mit Responsive Design.	Begrenzte Kapazitäten und fehlende Leistungsangebote sind mittels Kooperationen zu begegnen. Zum Abheben des eigenen Leistungsangebots von anderen Anbietern sind insbesondere Bezeichnungen, nach der Suchhäufigkeit und dem Verständnis potentieller Kunden auszurichten.
Risiken (Threats)	Die Kostenstruktur des Unternehmens birgt Vorteile gegenüber neuen und bestehenden Anbietern. W3C konforme Programmierung und entsprechende Weiterbildung erhalten die Zukunftsfähigkeit des Unternehmens.	Den geringen finanziellen Rahmen nicht für Werbemaßnahmen zu verwenden sondern verstärkt auf Networking in Form von mündlicher Weitergabe und Empfehlungen zu konzentrieren.

Tabelle 6: SWOT-Matrix
Quelle: (Eigene Darstellung in Anlehnung Bruhn, M. (2007), S. 44.)

Aus den Zuordnungen der SWOT-Matrix Felder zueinander ergeben sich folgende Strategieempfehlungen. Unter Berücksichtigung der beleuchteten Faktoren wird zur Kaltakquise von Aufträgen der Trend des **Responsive Design als wesentliche Chance** wahrgenommen. Durch den anhaltenden Boom von Smartphones und Tabletcomputern steigt in Folge dessen die Zahl der mobilen Internetsurfer.[145] Unternehmen, deren Internetpräsenzen entsprechend häufig mobil aufgerufen werden, sollten zur besseren Darstellung auf Smartphones und Tabletcomputern eine mobile Variante ihrer Internetseite anbieten. Das Bereitstellen einer mobilen Variante der eigenen Internetpräsenz ist vor allem für Unternehmen sinnvoll, die ihre Internetseite als direkten Vertriebsweg nutzen, z.B. Onlineshops oder zur Verkaufsförderung Informationen für interessierte Kunden bereithalten z.B. Restaurants und Einkaufszentren. Das Kaltakquisepotential des Trends Responsive Designs gehört zum Leistungsangebot des Redesigns, da es in erster Linie darum geht, bereits bestehende Internetpräsenzen zu erweitern oder ggf. das Auftragspotential für ein vollständiges Redesign der bereits bestehenden Internetseite nutzen zu können. Responsive Design kann grundsätzlich als ein

---

[145] Vgl. FTD (2011), http://www.ftd.de/.

eigenständiges Leistungsangebot beworben werden oder als Leistungsbestandteil in Aufträge miteinfließen. Diese Chance muss vom Unternehmen SchalkoMedia allen voran bei der Akquise von Kunden genutzt werden.

Den wesentlichen Schwächen des Unternehmens, wie das sich von der Konkurrenz kaum abhebende und eingeschränkte Leistungsangebot sowie der begrenzt verfügbaren Arbeitskraft muss angemessen begegnet werden. Zur Abgrenzung oder der besseren Vermittlung des eigenen Leistungsangebot müssen die Bezeichnungen für die angebotenen Leistungen **am Verständnis der anvisierten Kundengruppen orientiert** und für Suchanfragen bei etwaigen Suchmaschinen wie Google optimiert werden. Der begrenzten Arbeitskraft und dem eingeschränkten Leistungsangebot lässt sich durch **Kooperationen** mit anderen Unternehmen entgegenwirken, um ggf. nicht selbst angebotene Leistungsbestandteile innerhalb von Aufträgen zu ergänzen oder größere Aufträge bewältigen zu können.

Zur Erhaltung der eigenen Leistungsfähigkeit ist es wichtig, sich über aktuelle Entwicklungen und Trends zu rechtlichen und technischen Themen auf dem Laufenden zu halten. Dafür empfiehlt es sich neben eigenen Recherchen auch die Inanspruchnahme ggf. von **Weiterbildungen und Seminaren**. Insbesondere stehen dem in Gründung befindlichen Unternehmen spezifische Heraus-forderungen bei der Geschäftsaufnahme bevor. Um bei potentiellen Kunden ein Vertrauen in das eigene Leistungsangebot schaffen zu können, sollte zunächst der Fokus auf dem Erarbeiten von Referenzen liegen, welche Kunden einen ersten Eindruck zur Leistungsfähigkeit des Unternehmens ermöglichen. Die anfängliche Kostenstruktur wirkt sich als Vorteil gegenüber bestehenden und neuen Anbietern aus.

Zur Bewerbung des eigenen Unternehmens und des Leistungsangebotes sollten vor allem die Potentiale aus dem Bereich des **Networkings** genutzt werden. Das eigene Unternehmen sollte in diversen Plattformen und Bewertungsportalen eingetragen werden, um für etwaige Kunden sichtbarer zu werden, sowie aktiv um Empfehlungen oder Empfehlungsschreiben von Auftraggebern abgeschlossener Aufträge bitten.[146]

---

[146] Vgl. Gloszeit, H./Natusch, C. (2009), S. 98f.

Durch den konsequenten Einsatz der eigenen Stärken und die Nutzung der identifizierten Chancen kann es dem Unternehmen gelingen, sich durch ein passgenaues Angebot auf dem Markt zu behaupten. Die strategischen Gestaltungsmöglichkeiten der SchalkoMedia werden im folgenden Abschnitt behandelt.

5. Marketingstrategische Gestaltung der SchalkoMedia

Das Unternehmen SchalkoMedia steht bei der Ausgestaltung seiner Marketingstrategie einer Fülle von Entscheidungsfeldern und -ebenen gegenüber. Die marktorientierte Ausrichtung des Unternehmens lässt sich nur durch eine individuell erarbeitete Marketingkonzeption gewährleisten.[147] Der Planungsprozess der strategischen Gestaltung umfasst, wie bereits im Kapitel 2 beschrieben, drei Bestandteile: Festlegung der Marketing-Zielen, Erstellung einer Marketing-Strategie und darüber die Ausrichtung der Marketing-Instrumente. Innerhalb dieses Kapitels werden die einzelnen Konzeptionsebenen auf das Unternehmen angewandt.

5.1 Ausrichtung der Marketingziele

Die Grundlage zur Ausrichtung der Marketingziele stellen die allgemeinen Unternehmensziele und die Ergebnisse der strategischen Analyse dar. Als übergeordnete ökonomische Ziele der SchalkoMedia werden ein gesundes Wachstum und die Sicherstellung des langfristigen Unternehmenserfolgs angesehen. Das Erreichen dieser übergeordneten Ziele erfordert die Erreichung einer günstigen Wettbewerbsposition bzw. der eindeutigen Abgrenzung gegenüber der vorhandenen Konkurrenz. Eine systematische Auftragsakquise ist vor allem in der Anfangszeit von existenzieller Bedeutung, stets unter der Berücksichtigung der gegebenen Kapazitäten. Allerdings steht nicht das Streben nach möglichst vielen Aufträgen im Vordergrund, sondern mehr nach qualitative und umfassende Arbeiten die zur weiteren Kundengewinnung als Referenz angegeben werden können. Aus den unternehmensorientierten Zielen lassen sich die kundenbezogenen und Außenwirkungsziele des Dienstleistungsanbieters ableiten. Zur Wiedergabe der kundenbezogenen Ziele kann die Erfolgskette in Abbildung 11 herangezogen werden. Dem Erlangen eines positiven Rufes und eines gewissen Bekanntheitsgrades im Landkreis Oder-Spree wird eine hohe Bedeutung beigemessen. Aufgrund der typischen Schwächen von Gründungsunternehmen stellt dieses Ziel ein intensives Unterfangen dar. Ein hohes Niveau der Dienstleistungsqualität bei der Auftrags- und Servicebearbeitung ist ein weiteres wichtiges Ziel der SchalkoMedia, da hierin eine Möglichkeit zur Differenzierung gegenüber den Konkurrenten gesehen wird.[148]

---

[147] Vgl. Wiesner, K. A./Sponholz, U. (2007), S. 29.
[148] Vgl. Meffert, H./Bruhn, M. (2006), S. 212.

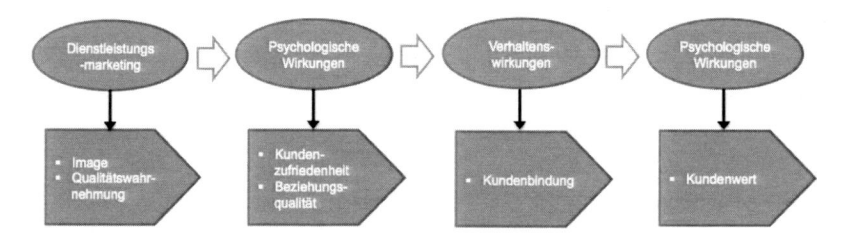

Abbildung 11: Kundenbezogene Ziele der SchalkoMedia
(Quelle: Eigene Darstellung in Anlehnung an Meffert, H./Bruhn, M. (2006), S. 210.)

Langfristig soll durch das hohe Niveau der Auftrags- und Servicebearbeitung die Kundenbindung aufgebaut werden, um ggf. an Folgeaufträge zu gelangen oder an andere Auftraggeber weiterempfohlen zu werden. Die wesentliche Bedeutung der Kundenbindung liegt in den vielfältigen Einflüssen dieses Ziels auf ökonomische Zielgrößen.[149] Darunter zählen u.a. mögliche Kostenreduzierung bei dauerhaften Kundenbeziehungen, oder Cross-Selling-Potenziale wie bspw. das Anfertigen von Flyern, im Zusammenhang mit der Erstellung einer Internetseite. Die Festlegung der Marketingziele stellt den Ausgangspunkt für die eigentliche Marketingstrategie dar, auf die im nächsten Abschnitt eingegangen wird.

5.2 Geschäftsfeldstrategie

Für die Geschäftsfeldstrategie werden die von der SchalkoMedia angebotenen Dienstleistungen im Bereich Webdesign und dem ergänzenden Bereich des Printdesign grundlegend als ein zusammenhängendes Geschäftsfeld betrachtet und als solches festgelegt. Dieses strategische Geschäftsfeld soll insbesondere anhand der Kundengruppe der KMU ausgerichtet und im Landkreis Oder-Spree angeboten werden.[150] Zur strategischen Gestaltung dieses Geschäftsfelds werden die Strategieoptionen Marktfeldstrategie und Wettbewerbsvorteilsstrategie im Folgenden näher erläutert.

5.2.1 Marktfeldstrategie

Die Marktfeldstrategien dienen zur Strukturierung der zukünftig möglichen Betätigungsfelder des Unternehmens und zur Festlegung der generellen strategischen Stoßrichtung.[151] Wie in Tabelle 7 dargestellt, untergliedern sich die

---

[149] Vgl. ebenda, S. 219f.
[150] Aus Sicht der SchalkoMedia, gibt es für das angebotene Geschäftsfeld keine direkten räumlichen, oder kundengruppenspezifischen Einschränkungen bei der Auftragsannahme.
[151] Vgl. Becker, J. (2006), S. 148.

Marktfeldstrategien in zwei Dimensionen, nach neuen und existierenden Produkten sowie nach neuen und existierenden Märkten. In Folge dessen ergeben sich vier Felder, die jeweils eine marktfeldstrategische Option darstellen: Marktdurchdringungsstrategie, Produktentwicklungsstrategie, Marktentwicklungsstrategie und Diversifikationsstrategie.

Produkte \ Märkte	gegenwärtig	neu
gegenwärtig	Marktdurchdringung	Marktentwicklung
neu	Produktentwicklung / Dienstleistungsentwicklung	Diversifikation

Tabelle 7: Die vier grundlegenden marktfeldstrategischen Optionen
(Quelle: Eigene Darstellung in Anlehnung an Becker, J. (2006), S. 148.)

Zur Ausrichtung des Leistungsangebots muss darüber entschieden werden, ob eine oder mehrere Optionen angewandt werden sollen, denn alle folgenden strategischen Festlegungen bauen darauf auf. Die Anwendung der einzelnen Optionen kann in einer bestimmten Abfolge oder gleichzeitig vorgenommen werden.[152] Bei einem Unternehmen mit einem begrenzten Leistungsangebot kann die Marktfeldstrategie auch als Basisstrategie der strategischen Marketingplanung festgelegt werden.[153]

Die **Marktdurchdringungsstrategie** ist als ein marketingstrategischer Ausgangspunkt zu sehen, sie stellt die natürlichste Strategierichtung von Unternehmen dar.[154] Diese strategische Option soll der SchalkoMedia in den ersten Geschäftsjahren als Ausgangsbasis dienen. Die Ausschöpfung des derzeitigen Marktes mit einem gegenwärtigen Leistungsangebot kann auf vielfältiger Weise erreicht werden. Dabei wird u.a. auf eine Erhöhung des Marktanteils bzw. der Steigerung der Absatzmenge gesetzt, um die Erfolgsposition zu verbessern.[155] Die bisher ungenutzten Potentiale können über drei Wege erreicht werden, einzeln oder in Kombination: Durch die Erhöhung der Verwendungsrate bei Kunden, mittels Gewinnung von Kunden der Konkurrenz und die Erschließung von bisherigen Nichtverwendern.[156]

---

[152] Vgl. ebenda.
[153] Vgl. Meffert, H./Burmann, C./Kirchgeorg, M. (2008), S. 287.
[154] Vgl. Becker, J. (2006), S. 149.
[155] Vgl. Kerth, K./Pütmann, R. (2005), S. 188.
[156] Vgl. Becker, J. (2006), S. 150.

Die **Erhöhung der Verwendungsrate bei Kunden** wird im Fall des vorliegenden Unternehmens als eher unwahrscheinlich angesehen. In Bezug auf Webdesigndienstleistungen reichen bspw. erstellte Internetseiten und abgeschlossene zeitliche Serviceverträge den meisten Auftraggebern über eine gewisse Dauer aus. Die Printdesigndienstleistungen werden in erster Linie in Einzelfällen bspw. ergänzend zu Aufträgen, oder regelmäßig von Kunden genutzt, ggf. können hier Preisnachlässe zur Erhöhung der Verwendungsrate führen.[157]

Die **Gewinnung von Kunden der Konkurrenz und die Gewinnung neuer Kunden** hat in der Wachstumsphase für die SchalkoMedia eine hohe strategische Bedeutung. Dabei steht oft die Verbesserung des Leistungsangebotes, die Modifikation der Bewerbung des Angebots und die konkurrenzfähige Preispolitik im Mittelpunkt.[158] Eine Verbesserung des Leistungsangebotes der SchalkoMedia könnte hauptsächlich durch die Weiterbildung des Unternehmers in entsprechenden Feldern erfolgen, sowie durch das Einstellen einer Arbeitskraft mit den benötigten Fähigkeiten realisiert werden. Die **Modifikation der Bewerbung des eigenen Angebots** sollte am Verständnis der anvisierten Kundengruppen ausgerichtet werden. Die eigene Internetseite muss für Suchabfragen dieser Kundengruppen optimiert werden, des weiteren sind Argumente für das eigene Leistungsangebot zu erarbeiten und in entsprechender Ausführung (kurz und prägnant auf der eigenen Internetseite, ausführlich für ein direktes Gespräch) wiederzugeben. Ein weiterer Ansatzpunkt stellt das Verwenden von konkurrenzspezifischen Absatzkanälen dar. Das Unternehmen muss versuchen die entsprechenden Kanäle ausfindig zu machen bspw. Plattformen, Vereinstätigkeiten oder Sponsoring, um darüber für potentielle Kunden der Konkurrenz sichtbar zu werden. Im Falle der SchalkoMedia und der anfänglichen Unternehmensaufstellung werden Bewertungsplattformen, soziale Netzwerke und eine positive Mund-zu-Mund-Propaganda als wesentliche Möglichkeiten gesehen.[159]

Der Dritte Weg zur Ausschöpfung bestehender Marktpotentiale ist die **Erschließung von Nichtverwendern** des Leistungsangebots der SchalkoMedia. Diese Möglichkeit gilt als schwierigster Marktdurchdringungsansatz, da diese Kunden meist noch keine Erfahrung mit dem einzelnen Leistungsangebot haben

---

[157] Vgl. Macharzina, K. (2003), S. 296.
[158] Vgl. Becker, J. (2006), S. 150.
[159] Vgl. Gloszeit, H./Natusch, C. (2009), 97ff.

und erst entsprechende Informations- und **Überzeugungsarbeit** geleistet werden muss.[160] Ähnlich wie bei der Gewinnung von Kunden der Konkurrenz wird die Modifikation der Bewerbung des eigenen Leistungsangebots vom Unternehmen als vielversprechender Ansatzpunkt zur Erschließung von Nichtverwendern gesehen. Die bereits erarbeiteten **Argumente** müssen eingesetzt werden und ggf. durch praktische Beispiele, Metaphern, Visualisierung etc. transportiert werden um bisherige Nichtverwender von dem eigenen Leistungsangebot zu erreichen. Weitere kritische Faktoren zeigen sich in den vorzeigbaren Referenzen und in der Preisgestaltung. Grundlage für die **Preisgestaltung** ist die eigenen Kostenkalkulation, zusätzlich sollte das Unternehmen die Preise und Abrechnungsmodelle der direkten Konkurrenten in Erfahrung bringen und möglichst beobachten, um letztlich einen sinnvollen Ansatz für Preisspielräume zu haben.

Die **Strategie der Marktentwicklung** dient dem Auffinden und der Gewinnung eines neuen oder mehrerer neuer Märkten für die angebotenen Dienstleistungen. Der Anknüpfungspunkt dieser Strategie besteht darin, das Leistungsangebot auf bisher nicht genutzten oder erkannten Märkten zu etablieren.[161] Die Vermarktung der eigenen Dienstleistungen kann auf verschiedene Art und Weise realisiert werden: Durch die Gewinnung fehlender Absatzräume, Erschließung von funktionalen Zusatzmärkten und der Schaffung neuer Teilmärkte.[162] Für das Unternehmen SchalkoMedia in Frage kommend, steht vor allem die Gewinnung von fehlenden Absatzräumen und die Erschließung funktionaler Zusatzmärkte unter der Berücksichtigung des eigenen Leistungsvermögens im Vordergrund. Denkbar wäre auch die Gewinnung von Absatzräumen durch die Erweiterung des Leistungsangebots um Bestandteile wie bspw. Search Engine Optimization und Social Media Optimization, Schulung, sowie Unternehmensberatung, da die benötigten Fähigkeiten zur Realisierung dieser Angebote bereits vorhanden sind. Die Erschließung von Zusatzmärkten könnten bspw. über das direkte Anbieten von Programmierleistungen für spezifische Aufgabenstellungen realisiert werden.

Die Produktentwicklung oder die Entwicklung neuer Dienstleistungen für bisherige Märkte ist die Grundlage der **Strategie der Dienstleistungsentwicklung**. Es handelt sich bei dieser Strategierichtung um eine gezielte Innovationspolitik.[163]

---

[160] Vgl. Becker, J. (2006), S. 150.
[161] Vgl. Meffert, H./Burmann, C./Kirchgeorg, M. (2008), S. 283.
[162] Vgl. Becker, J. (2006), S. 153.
[163] Vgl. Becker, J. (2006), S. 156.

Insbesondere stehen neben der Dienstleistungserweiterung die Entwicklung von Qualitätsvariationen im Mittelpunkt, oder die Entwicklung neuer Dienstleistungseigenschaften bspw. die Anpassung des Leistungsangebots an Trends.[164] Für das Gründungsunternehmen bedeutet Innovationspolitik zuallererst die zielgerichtete Optimierung der eigenen Dienstleistungsprozesse. Zu einem späteren Zeitpunkt können bei konsequenter Verfolgung von Trendentwicklungen entsprechende Trends in das eigenen Leistungsangebot integriert und beworben werden. Ein Ansatzpunkt für das Unternehmen zur Dienstleistungsentwicklung stellt bspw. das Zusammensetzen einzelner Leistungsbestandteile zu stark nachgefragten Leistungspaketen dar.

Besonders für schwach wachsende oder stagnierende Märkte eignet sich die **Diversifikationsstrategie**, wenn erwartet wird, dass die Wachstumsoptionen zur nachhaltigen Unternehmenssicherung voraussichtlich nicht ausreichen.[165] Es werden grundsätzlich drei Diversifikationsarten unterschieden, die zueinander abnehmende Synergien aufweisen: Horizontale Diversifikation, Vertikale Diversifikation und die Laterale Diversifikation. Das Wesen der vertikalen Diversifikation ist dadurch gekennzeichnet, dass vor-, sowie nachgelagerte Wertschöpfungsstufen in das Unternehmen eingebunden werden können. Die laterale Diversifikation stellt einen Vorstoß in neue Produkt- bzw. Marktbereiche dar und weist in diesem Zusammenhang den geringsten Synergieeffekt auf.[166] Die **horizontale Diversifikation** weist für das Unternehmen SchalkoMedia weitere Optionen auf. Der Grundgedanke dieser Strategie ist im Risikoausgleich zu den bisherigen Geschäftsfeldern zu sehen und dient u.a. der Existenzsicherung, bspw. durch das zusätzliche Anbieten von Hosting oder ähnlichem. Wie auch bei den anderen Diversifikationsstrategien sind weitere Betätigungen in diese Richtung zunächst nicht empfehlenswert, da eingeschränkt verfügbare Leistungspotentiale der SchalkoMedia auf die Etablierung des angestrebten Leistungsangebots gerichtet werden sollten.

---

[164] Vgl. Macharzina, K. (2003), S. 296.
[165] Vgl. Becker, J. (2006), S. 164.
[166] Vgl. ebenda, S. 165f.

5.2.2 Wettbewerbsvorteilsstrategie

Bei der Festlegung der Geschäftsfeldstrategie kommt der Herausstellung von Wettbewerbsvorteilen eine zentrale Rolle zu.[167] Mittels der Wettbewerbsvorteilsstrategien soll das Unternehmen entsprechend positioniert werden, so das es gegen die vorherrschenden Wettbewerbskräfte bestehen kann. Zur Erreichung dessen muss das Unternehmen SchalkoMedia Wettbewerbsvorteile gegenüber anderen Anbietern erreichen können, um darüber den längerfristigen Erfolg sicherzustellen.[168] Innerhalb des Ansatzes der Wettbewerbsvorteilsstrategien nach Porter, werden drei grundsätzliche Strategien unterschieden: Kostenführerschaft, Differenzierung und Konzentration auf Schwerpunkte.[169] In der gegenwärtigen Praxis und Literatur wird Porters Ansatz teilweise als überholt angesehen und unter dem Dienstleistungsaspekt um eine Zeitkomponente verändert, siehe Abbildung 12.

- Qualität
- Innovation
- Leistungsprogramm
- Markierung

Differenzierungsvorteile

Kostenvorteile — — — **Zeitvorteile**

- Automatisierung/Standardisierung
- Rationalisierung
- Kostenmanagement

- Zeitdauer der Dienstleistungserstellung
- Reaktionsschnelligkeit bei Kundenanfragen

Abbildung 12: Wettbewerbsvorteilsstrategien
(Quelle: Eigene Darstellung in Anlehnung Meffert, H./Bruhn, M. (2006), S. 246)

Der Kerngedanke hinter der Wettbewerbsvorteilsstrategie zur Erreichung von **Kostenvorteilen** besteht darin, durch kostenorientiertes Denken und Handeln einen Kostenvorsprung gegenüber anderen Anbietern zu realisieren und zu verteidigen.[170] Solch ein Kostenvorsprung lässt sich bspw. durch ein konsequentes Kostenmanagement in allen Bereichen des Unternehmens, durch Betriebsgrößen-

---

[167] Vgl. Meffert, H./Bruhn, M. (2006), S. 246.
[168] Vgl. Porter, M. E. (2008), S. 65f.
[169] Vgl. ebenda, S. 71f.
[170] Vgl. ebenda, S. 72.

effekte und Erfahrungskurveneffekten erreichen, um über niedrige Preise einen hohen Marktanteil zu erzielen.[171] Das Erreichen der umfassenden Kostenführerschaft steht nicht im Einklang mit den Unternehmens- und Marketingzielen der SchalkoMedia und stellt bis auf den Ansatz der Kostenoptimierung der eigenen Prozesse keine direkte strategische Option dar. Speziell da eine Standardisierung der Leistung bzw. Automatisierung im Bereich des Webdesigns nur schwer umzusetzen und mit den angestrebten Qualitätszielen nicht vereinbar ist.

Neben Kostenvorteilen kommt der **Faktor Zeit** als strategischer Wettbewerbsvorteil in Betracht. Denn bei der Inanspruchnahme von Dienstleistungen kann es bezüglich der Dauer der Dienstleistungserstellung, zu Erwartungen seitens der Kunden kommen.[172] Das Unternehmen muss zur Nutzung dieses Vorteils in der Lage sein Zeiterwartungen zu entsprechen, andernfalls besteht die Gefahr der Kundenabwanderung bzw. dem nicht Zustandekommen von Aufträgen. Neben der Dauer der Dienstleistungserstellung kommt der Aspekt der Reaktions-schnelligkeit hinzu, welche für die Zufriedenheit der Kunden ausschlaggebend sein kann.[173] Die Verwirklichung der Wettbewerbsvorteilsstrategie von Zeitvorteilen kann durch die SchalkoMedia nicht erreicht werden. Aufgrund der begrenzten Leistungskapazität ist diese Option nicht empfehlenswert. Der Aspekt der Reaktionsschnelligkeit kann bspw. unter dem Gesichtspunkt von Serviceleistungen durch Erreichbarkeit und ähnlichem Anwendung finden.

Differenzierungsvorteile haben zum Ziel, die eigene leistungsbezogene Überlegenheit anderen Anbietern gegenüber dem Kunden sichtbar zu machen. Diese Strategie soll das Unternehmen bzw. das Leistungsangebot aus Sicht der Nachfrager einzigartig machen. Diese Einzigartigkeit muss jedoch auf keiner faktischen Überlegenheit beruhen, sondern kann auch durch subjektiv empfundene Vorteile wie bspw. das Unternehmensimage erreicht werden.[174] Zur Erreichung von subjektiv empfunden Vorteilen muss die Bildung von Präferenzen bei den Nachfragern erreicht werden, dieser Prozess bedarf im Gegensatz zur Strategie der Kostenführerschaft mehrere Jahre.[175] Ansatzpunkte für Differenzierungsvorteile

---

[171] Vgl. Kerth, K./Pütmann, R. (2005), S. 201.
[172] Vgl. Meffert, H./Bruhn, M. (2006), S. 254.
[173] Vgl. ebenda.
[174] Vgl. Macharzina, K. (2003), S. 246.
[175] Vgl. Becker, J. (2006), S. 231.

existieren auf mehreren Ebenen, idealerweise sollten sich Unternehmen auf mehr als einer Ebene differenzieren.[176] Differenzierte Wettbewerbsvorteile können sein: Qualität, Innovation, das eigene Leistungsprogramm und die Markierung.[177]

Speziell in der Anfangsphase des Unternehmens bestehen kaum Möglichkeiten zur Ausnutzung von Skalen- sowie Erfahrungskurveneffekten, was bspw. das Erreichen einer Kostenposition grundsätzlich erschweren würde.[178] Das Verwirklichen von direkten Alleinstellungsmerkmalen innerhalb der angebotenen Dienstleistungen wird unter Berücksichtigung der gegebenen Ressourcen und Fähigkeiten des Unternehmens als sehr schwierig eingeschätzt Das Anstreben einer **Unique Marketing Proposition** (einzigartiges Marketingkonzept - UMP) wiederum stellt einen möglichen Ansatzpunkt für das Unternehmen dar.[179] Während der Recherchen zur Konkurrenzanalyse fiel immer wieder die Verwendung verschiedener Begrifflichkeiten für inhaltlich übereinstimmende Webdesigndienstleistungen auf. Diese Beobachtung lässt sich vermutlich auf verschiedene Faktoren zurückführen: Es gibt keine einheitliche Ausbildung für Webdesigner, diesbezüglich gehen viele Anbieter mit unterschiedlichen Verständnissen an Leistungsbezeichnungen heran, denkbar wäre auch die gezielte Ausrichtung auf Nischen und spezielle Kundengruppen. Die Ausrichtung der Bewerbung und Bezeichnung des Leistungsangebots der SchalkoMedia muss am Verständnis der anvisierten Kundengruppen orientiert werden. Diese Maßnahme weist Ähnlichkeiten zum Konzept der Suchmaschinen-Optimierung auf, um gezielt die entsprechenden Kundengruppen anzusprechen und von ihnen aufgefunden zu werden. Dieses Vorgehen ist generell nachahmbar und muss in regelmäßigen Abständen wiederholt werden, da Märkte im Laufe ihrer Entwicklung Strukturveränderungen unterliegen.[180] Ein UMP kann jedoch nicht mono-instrumental gehalten werden, sondern muss multiinstrumental umgesetzt werden, im Fall der SchalkoMedia bspw. zusätzlich durch die Sicherstellung der Service- und Dienstleistungsqualität, um Kundenbindung zu erreichen.[181]

---

[176] Vgl. Porter, M. E. (2008), S. 74.
[177] Vgl. Meffert, H./Bruhn, M. (2006), S. 246.
[178] Vgl. Gruber, M. (2005), S. 75f.
[179] Vgl. Magyar, K. M. (1985), S. 267ff.
[180] Vgl. Becker, J. (2006), S. 237f.
[181] Vgl. Magyar, K. M. (1985), S. 267ff.

Unter Berücksichtigung dessen und der Ergebnisse der strategischen Analyse, sowie der Zielvorstellung der SchalkoMedia ist zu erkennen, dass eine Differenzierungsstrategie zur Positionierung gegenüber Konkurrenten den größten Erfolg verspricht. Auf die Ausrichtung der Differenzierungsstrategie der SchalkoMedia wird im Kapitel 5.3.1 näher eingegangen.

5.3 Marktteilnehmerstrategie

Marktteilnehmerstrategien dienen im Allgemeinen zur Festlegung welche marktteilnehmerübergreifenden Maßnahmen der Marktbearbeitung vorzunehmen sind und wie sich das Unternehmen im Optimalfall gegenüber den anderen Anbietern verhält.[182] Zu den anderen relevanten Marktteilnehmern zählen die Kunden, Wettbewerber, Absatzmittler und ggf. Kooperationspartner. Neben dem Verhalten gegenüber den anderen Marktteilnehmern legt eine Marktteilnehmerstrategie den Grad der Bearbeitung von Marktsegmenten und der wettbewerbsorientierten Positionierung des Unternehmens fest.[183]

5.3.1 Marktparzellierungsstrategie

Innerhalb der Marktparzellierungsstrategie wird über die Art und die Weise der Differenzierung, sowie der Abdeckung des Marktes, in dem das Unternehmen tätig sein will entschieden. Wie in Tabelle 8 dargestellt, gibt es vier verschiedene Marktparzellierungsstrategien, die für eine Marktbearbeitung in Frage kommen.

Differenzierung des Marketingprogramms \ Abdeckung des Marktes	vollständig (total)	teilweise (partial)
undifferenziert	undifferenziertes Marketing	konzentriert-undifferenziertes Marketing
differenziert	Differenziertes Marketing	Selektiv-differenziertes Marketing

Tabelle 8: Basisalternativen der Marktparzellierung
(Quelle: Eigene Darstellung in Anlehnung an Becker, J. (2006), S. 237.)

In der gängigen Unternehmenspraxis läuft der Entscheidungsprozess in Bezug auf die Marktparzellierungsstrategie vielfach so ab, dass zunächst zwischen dem Grad der Marktbesetzung, Massenmarkt oder Marktsegmentierung und der totalen bzw.

---

[182] Vgl. Meffert, H./Bruhn, M. (2006), S. 259.
[183] Vgl. ebenda, S. 173.

partialen Marktabdeckung entschieden wird.[184] Wie bereits im Kapitel 5.2.2 beschrieben, soll der Ansatz der Erreichung von Wettbewerbsvorteilen, durch die Differenzierung der Marktbearbeitung erreicht werden. Im vorliegenden Fall der SchalkoMedia wurde unter Berücksichtigung des vorherrschenden Marktumfeldes und des eigenen Leistungsvermögens ein **differenzierter Marktsegmentierungsansatz mit totaler Marktabdeckung** gewählt. Eine undifferenzierte und partiale Marktabdeckung hätte wiederum zur Folge, dass ein Massenmarkt bedient werden müsste, der sich auf einen bestimmten Abschnitt eines Marktes konzentriert.[185] An einer solchen Festlegung des Differenzierungs- und Abdeckungsgrads werden grundlegend folgende Kriterien gestellt: Messbarkeit, Tragfähigkeit, Erreichbarkeit, Stabilität und Profitabilität.[186]

Im Rahmen der strategischen Analyse wurde die Webdesignbranche bereits segmentiert. Dabei bildeten sich die Zielgruppen der SchalkoMedia heraus, die mehr oder weniger homogene Käufergruppen repräsentieren.[187] In diesem Zusammenhang soll das Leistungsangebot der SchalkoMedia für die ausgewählten Zielgruppen konzipiert und beworben werden. Solch ein Segmentierungsansatz wird mitunter auch als Scharfschützenkonzept bezeichnet, wohingegen Massenmarktansätze als Schrotflintenkonzept charakterisiert werden.[188] Innerhalb der identifizierten Zielgruppen lassen sich ggf. noch weitere homogene Segmente bilden, was bspw. zu einer Spezialisierung, auf eine bestimmte Branche im Kundensegment der KMU führen kann. Im Mittelpunkt der Marktbearbeitung durch die SchalkoMedia stehen jedoch zu Beginn der Geschäftsaufnahme alle KMU, Vereine sowie Organisationen. Beiden Kundensegmenten zusammen wird eine Tragfähigkeit unterstellt, die zur Sicherung des Unternehmenserfolgs benötigt wird. Das weitere Segmentieren innerhalb dieser Kundengruppen ist zum Zeitpunkt der Unternehmensgründung nicht weiter empfehlenswert, insbesondere weil noch keine weiteren Erfahrungswerte oder ähnliche Entscheidungsgrundlagen existieren.

---

[184] Vgl. Becker, J. (2006), S. 238.
[185] Vgl. Becker, J. (2006), S. 244.
[186] Vgl. Kesting, T./Rennhak, C. (2008), S. 7.
[187] Vgl. Kapitel 4.4.
[188] Vgl. Becker, J. (2006), S. 290.

Neben der Differenzierung der Marktbearbeitung wurde für das Unternehmen der Grad der Marktabdeckung bestimmt. Die Entscheidung über die **totale Marktabdeckung** wurde unter ähnlichen Gesichtspunkten getroffen, wie die Segmentierung der anvisierten Kundengruppen. Prinzipiell gilt die Prämisse, dass nicht jedes Unternehmen über die notwendigen Fähigkeiten und Ressourcen verfügt, um alle Kundengruppen bzw. alle Teilmärkte bedienen zu können.[189] Im Fall der SchalkoMedia sieht die Ausrichtung des Geschäftsfelds Webdesign einen **Fullservice** vor, der durch die Fähigkeiten des Unternehmers realisierbar ist. Grundlegend umfasst ein Fullservice-Angebot im Bereich Webdesign alle Tätigkeiten die von der Beratung, grafischen Gestaltung, Programmierung, dem Online stellen und ggf. Wartung sowie für die Optimierung einer Internetseite erforderlich sind.[190] Die Analyse der Konkurrenten hat gezeigt, das diese ebenfalls eine totale Marktabdeckung durch das Anbieten eines Fullservice verfolgen, teilweise mit zusätzlichen Dienstleistungen wie App-Programmierung und Suchmaschinen-Marketing.[191] Neben den Fähigkeiten zur Erbringung der Dienstleistungen spielt wie bereits beschrieben die Ressource der verfügbaren Arbeitskräfte eine wichtige Rolle. Im Vergleich zu den Konkurrenten steht der SchalkoMedia nur der Unternehmer als Arbeitskraft zur Verfügung, was insbesondere bei der Erfüllung von Service- und Wartungsverträgen sowie dem realisieren von größeren Projekten zu einem späteren Engpass führen kann.

5.3.2 Wettbewerbsorientierte Positionierung

Die Entscheidung über die wettbewerbsorientierte Positionierung der SchalkoMedia hat für das Gründungsunternehmen eine wesentliche Bedeutung. Es geht allgemein um das Zusammentreffen des Unternehmens mit den Akteuren auf dem angestrebten Zielmarkt und der Entscheidung welche Rolle es auf diesem Markt einnehmen soll.[192] Wie bereits in der Konkurrenzanalyse beschrieben wurde, existieren auf dem Zielmarkt für Webdesigndienstleistungen verschiedene Anbieter, mit ähnlicher Marktabdeckung und Zielgruppen, die im Vergleich zum Unternehmen über unterschiedliche Ressourcen sowie zusätzliche Fähigkeiten verfügen. Diese Anbieter finden sich hauptsächlich in der **Rolle des Marktfolgers** wieder, welche auch für die SchalkoMedia angestrebt wird. Grundsätzlich gibt es

---

[189] Vgl. Becker, J. (2006), S. 238.
[190] Vgl. Pooker, N. (2009), S. 70.
[191] Vgl. Kapitel 4.5.
[192] Vgl. Kotler, P./Armstrong, G./Wong, V./Saunders, J. (2011), S. 546.

verschiedene Rollen zur Positionierung im Wettbewerb die die einzelnen Marktteilnehmer einnehmen können, siehe Tabelle 9. Die Entscheidung als Marktfolger aufzutreten, wurde unter Berücksichtigung der festgelegten Marketingziele und dem begrenzten Leistungsvermögen getroffen. In der Rolle als Marktfolger ist das Unternehmen SchalkoMedia nicht auf die bloße Imitation der anderen Marktteilnehmer beschränkt.[193] Der SchalkoMedia obliegt es, wie bereits in den Abschnitten der strategischen Ausrichtung beschrieben, den potentiellen Kunden bspw. Vorteile durch die Aufstellung des eigenen Leistungsangebots, der eigenen Erreichbarkeit und der Dienstleistungs- sowie Servicequalität zu bieten.

Marktrollen	Beschreibung
Führer	Gesamtmarkt ausweiten u. entwickeln, Anteile sichern u. erhöhen.
Herausforderer	Direkte und indirekte Angriffe auf Marktführer.
Folger	Profitieren von den Anstrengungen der Führer und Herausforderer, direkt folgen oder mit Abstand folgen.
Nischenanbieter	Ausgewählte Kunden und Märkte mit angepasstem Angebot oder Service bedienen.

Tabelle 9: Wettbewerbspositionierungen
(Quelle: Eigene Darstellung in Anlehnung an
Kotler, P./Armstrong, G./Wong, V./Saunders, J. (2011), S. 547.)

Die SchalkoMedia muss aus der Rolle des Marktfolgers neben der aktiven Kundengewinnung, auch seine direkten Konkurrenten konsequent beobachten (Strategie, Referenzen, Preise, Marketingaktivitäten), um ggf. auf Veränderungen reagieren zu können. Neben der Beobachtung der anderen Anbieter sind regelmäßige Recherchen notwendig. Zum Einen, um die eigene Position erhalten zu können und zum Anderen rechtzeitig Marktpotentiale zu identifizieren und diese wahrnehmen zu können. Langfristig gesehen kann das Unternehmen durch das Umsetzen dieser Handlungsempfehlungen aus der Rolle des Marktfolgers **zum Herausforderer erwachsen**, was zumeist mit organischem Wachstum des Unternehmens einhergeht bzw. erforderlich ist.[194]

Es gilt zu berücksichtigen, dass es sich bei dem Markt für Webdesigndienstleistung um einen heterogenen polypolistischen Markt handelt.[195] Das hat zur Konsequenz, dass es keinen direkt erkennbaren Marktführer gibt, der wiederum als

---

[193] Vgl. Kotler, P./Armstrong, G./Wong, V./Saunders, J. (2011), S. 561.
[194] Vgl. Bruhn, M. (2007), S. 79.
[195] Vgl. Kapitel 4.3.3.

Orientierungspunkt genutzt werden könnte. Die SchalkoMedia muss von einem Querschnitt der Webdesignbranche ausgehen, um sich an diesem orientieren zu können. Es besteht jedoch die Möglichkeit sich gezielt Konkurrenten auszusuchen, um an diesen Anbietern das weitere Fortkommen anzulehnen und diese ggf. zum späteren Zeitpunkt herauszufordern.

6. Die Marketingstrategie der SchalkoMedia

Unter Berücksichtigung der vorgenommenen strategischen Analyse, der Ausgangssituation und der Bewertung der verschiedenen strategischen Optionen werden im Folgenden die einzelnen Strategieelemente in aufgearbeiteter Form wiedergegeben. Das Ergebnis dieser Zusammenfassung ist die Marketingstrategie der SchalkoMedia, welche als strategische Stoßrichtung für das Unternehmen dient. Wie in Abbildung 13 dargestellt, beinhaltet die Marketingstrategie der SchalkoMedia folgende grundstrategische Optionen: Marktdurchdringung, Differenzierung in Anlehnung an Porter-Meffert-Bruhn, Kundensegmentierung mit totaler Marktabdeckung und der Wettbewerbspositionierung als Marktfolger. Alle diese Elemente sind auf eine weitestgehende Differenzierung gegenüber den Konkurrenten ausgerichtet.

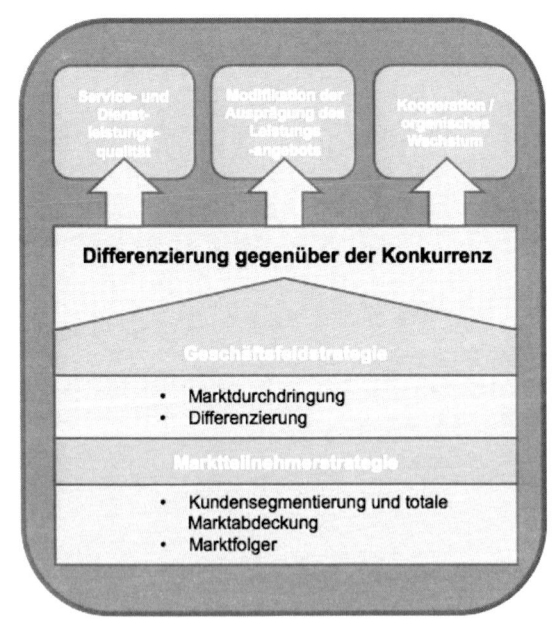

Abbildung 13: Die Elemente der Marketingstrategie der SchalkoMedia
(Quelle: Eigene Darstellung)

Denn unabhängig von der Rolle des Marktfolgers müssen die Vorteile des eigenen Leistungsangebots, subjektiver und objektiver Natur, herausgestellt werden und den Nachfragern gegenüber kommuniziert werden. Die Marketingstrategie enthält dafür drei wesentliche Ansatzpunkte zur Differenzierung gegenüber anderen Anbietern:

Die Sicherung der eigenen Service- und Dienstleistungsqualität, Ausrichtung der Ausprägung des eigenen Leistungsangebots auf die Zielgruppen und die Empfehlungen zu Kooperationen und organischem Wachstum. Diese drei Ansatzpunkte berücksichtigen im Wesentlichen die grundstrategischen Optionen und dienen zur Erreichung der festgelegten Ziele.

Auf die einzelnen Elemente der Marketingstrategie der Schalko Media wird in den folgenden Abschnitten näher eingegangen. Es werden dazu strategische Handlungsempfehlungen gemacht, die eine Grundlage für eine entsprechende Orientierung der Marketing-Instrumente liefert. Die Gestaltung der Instrumentalebene konnte im Rahmen der vorliegenden Studie nicht ausführlich behandelt werden. Die konkrete Maßnahmenentwicklung und -umsetzung stellt vielmehr eine operative Aufgabe des Unternehmensgründers dar.

6.1 Sicherung der Service- und Dienstleistungsqualität

Die Faktoren Service- und Dienstleistungsqualität bieten für die SchalkoMedia wesentliche Differenzierungspotentiale, die realisiert werden müssen, um sich von anderen Anbietern abgrenzen zu können. Die Sicherung dieser Faktoren dient im Allgemeinen der Steigerung der Kundenzufriedenheit und der Erreichung des Ziels einer entsprechend hohen Kundenbindung, sowie dem Erlangen eines positiven Images.

Wird Service- und Dienstleistungsqualität als Ausprägung des Kontrasts zwischen der Erwartungen und den Wünschen der Kunden, sowie den Eindrücken von der tatsächlichen Leistung verstanden, wird darüber veranschaulicht, welche Rolle die subjektive Wahrnehmung der Qualität spielen kann.[196] Das Erreichen einer wahrnehmbaren Qualitätsposition stellt eine komplexe Herausforderung dar, da diese wiederum mehrere Dimensionen aufweist.[197] Wie in Tabelle 10 aufgezeigt wird, existieren auf konzeptioneller Basis fünf faktoranalytisch verdichtete Qualitätsdimensionen, welche die Meinung von Kunden zur Service- und Dienstleistungsqualität beeinflussen: Annehmlichkeit des tangiblen Umfelds, Zuverlässigkeit, Reaktionsfähigkeit, Leistungskompetenz und Einfühlungs-vermögen.

---

[196] Vgl. Bruhn, M./Stauss, B. (2000), S. 323.
[197] Vgl. Meffert, H./Bruhn, M. (2006), S. 293.

Qualitätsdimension	Beschreibung
Annehmlichkeit des tangiblen Umfelds	Äußeres Erscheinungsbild des Dienstleistungsortes, wie die Ausstattung der Räume, Erscheinungsbild des Personals.
Zuverlässigkeit	Fähigkeit des Dienstleistungsanbieters die versprochenen Leistungen auf dem anvisierten Niveau zu erfüllen.
Reaktionsfähigkeit	Erfüllung spezifischer Kundenwünsche wie Reaktionsbereitschaft und Schnelligkeit.
Leistungskompetenz	Fähigkeit zur Erbringung der Dienstleistung wie bspw. der Fachkompetenz und dem eigenen Auftreten.
Einfühlungsvermögen	Bereitschaft und Fähigkeit zur Auftragserfüllung den Kunden beraten und wahrnehmen zu können.

Tabelle 10: Qualitätsdimensionen von Dienstleistungen
(Quelle: Eigene Darstellung in Anlehnung an Meffert, H./Bruhn, M. (2006), S. 293.)

Die **Geschäftsräume** spielen zu Beginn der Unternehmensgründung der SchalkoMedia keine direkte Rolle, da Kundenkontaktaufnahmen beim Kunden vor Ort, oder in Cafés bzw. Restaurants stattfinden können.

Die Überprüfungen der **Zuverlässigkeit** und **Leistungskompetenz** bei Webdesigndienstleistungen können in erster Linie nur über die Seriosität, sowie Professionalität der **Internetseite** und durch das **Auftreten des Unternehmers** von potentiellen Kunden wahrgenommen werden. Referenzen realisierter Projekte, die über die eigene Internetseite aufrufbar sind, stellen einen weiteren wichtigen Ansatz zur Wiedergabe der eigenen Leistungsfähigkeit dar. Nur bedingt beeinflussen lässt sich bspw. **Mund-zu-Mund-Propaganda**, die in positiven Ausmaßen geschäftsfördernd und in negativen Ausmaßen geschäftshemmend wirken kann.[198] Eine Maßnahme zur Streuung positiver Mund-zu-Mund-Propaganda kann durch das aktive **Bitten um Weiterempfehlungen** der Geschäftspartner nach erfolgreich abgeschlossenen Aufträgen bewirkt werden. Neben der Bitte um direkte Weiterempfehlungen existieren für Dienstleister im Internet verschiedene seriöse **Bewertungsplattformen**, auf denen sie sich registrieren können, um von Kunden nach beendeten Aufträgen beurteilt zu werden.[199] Diese Plattformen bieten i.d.R. Profilbanner an, die in die eigene Internetseite eingebunden werden können, um potentiellen Kunden sichtbar zu machen welchen Eindruck andere Kunden vom Unternehmen hatten. Beispielsweise bei einer aktiven Bewerbung von **Social-Media-Leistungsangeboten**, ist es

---

[198] Vgl. Gloszeit, H./Natusch, C. (2009), 100.
[199] Vgl. Trusted Shops (2012), http://www.trustedshops.de/.

aus Gründen der Glaubwürdigkeit erforderlich, dass das Unternehmen selber aktiv im Social-Media Bereich vertreten ist.

Die **Reaktionsfähigkeit** fällt insbesondere in den Bereich der Servicequalität und lässt sich durch die Wege zur Kommunikationsaufnahme und des Reaktionszeitraums charakterisieren. Zur **Kontaktaufnahme** werden vom Unternehmen neben Telefon, Mobiltelefon, Fax, E-Mail und Kontaktformular auf der Internetseite eine Live-Chat-Anwendung angeboten, worüber Kunden unvermittelt Kontakt z.B. bei Anfragen aufnehmen können. Der Online- und Offline-Status für die Live-Chat-Anwendung wird auf der Einstiegsseite der eigenen Internetpräsenz angezeigt. Der **Reaktionszeitraum** orientiert sich grundlegend an, den vom Unternehmer festgelegte Zeiten, vereinbarten Einzelabsprachen und vertraglich festgehaltenen Service-Level-Agreements. Es sei darauf hingewiesen, dass sich eine übermäßige Anzahl von Kommunikationswegen und ständige Verfügbarkeit sich negativ auf die Leistungsfähigkeit, in Form der Konzentration bei Auftragsbearbeitungen, auswirken können.

Besonders im Dienstleistungsbereich wird ein gewisses Maß an **Einfühlungsvermögen** von den Kunden erwartet. Beispielsweise bei Kundengesprächen muss vom Unternehmer stets berücksichtigt werden, dass die **Wahrnehmung** und das **Kundenverständnis** von seinem abweichen kann und wird. In diesem Zusammenhang ist eine klare und deutlich ausgelegte Kommunikation der sicherste Weg, etwaige Missverständnisse zu vermeiden bzw. festzustellen. Grundlegend ist es während der Auftragsbearbeitung unerlässlich den **Kundenkontakt konstant aufrecht zu erhalten**. Unabhängig von der Projekt-phase muss jedem Kunden vermittelt werden, dass aktives Interesse an seinem Anliegen und dem Projekt bestehen.[200] Für den aktiven Austausch zum aktuellen Umsetzungsprozess können Kunden bspw. den Zugang zum aktuellen Entwicklungsstatus über einen Testserver erhalten, um sich ggf. ein eigenes Bild über den Projektfortschritt machen zu können. Speziell muss der Unternehmer bei Kundengesprächen zur Akquise und Projektabschlussbesprechungen in der Lage sein alle Vorzüge seiner Arbeit wiederzugeben, bspw. mittels **Veranschaulichungen und Vergleichen**, um auch technisch weniger versierten Auftraggebern den **nicht offensichtlichen Mehrwert**[201] der eigenen Arbeit aufzuzeigen. Des Weiteren wird dem Unternehmer

---

[200] Vgl. Pooker, N. (2009), S. 70.
[201] Darunter zählen bspw. Browserkompatibilitäten und Programmiercodeperformance.

speziell die Teilnahme an **Verhandlungs- und Kommunikationsseminaren** empfohlen, um bestmöglich für die Auftragsakquise und Kundenbetreuung vorbereitet zu sein.

6.2 Bewerbung und Ausprägung des Leistungsangebots

Anbieter von Dienstleistungen stehen oft vor dem Dilemma, dass sie wachsenden individuellen Kundenwünschen gegenüberstehen, welche oft zu zu stark aufgefächerten Leistungsangebotenen führen können.[202] Dieser Umstand bedingt oft die Unübersichtlich- und Undurchsichtigkeit des eigenen Angebots, die auf potentielle Kunden wiederum abschreckend wirken kann. Eine Möglichkeit diesem Dilemma zu begegnen, stellt die zielgruppenorientierte Modularisierung des eigenen Dienstleistungsangebots dar, siehe Abbildung 14.

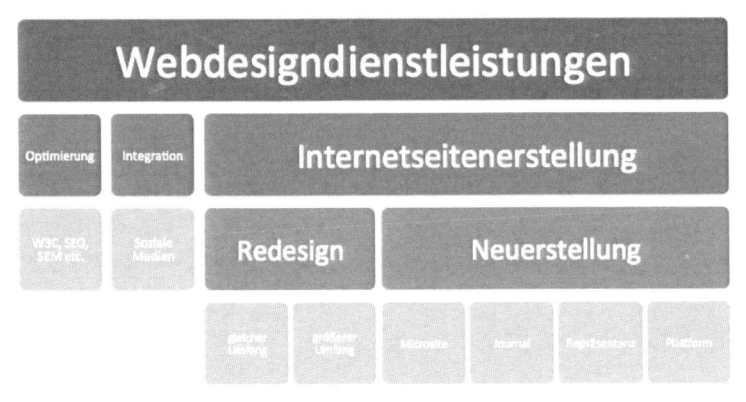

Abbildung 14: Beispielhafte Zusammenstellung von Dienstleistungsmodulen
(Quelle: Eigene Darstellung)

Hinter dem Prinzip der **zielgruppenorientierten Modularisierung** steht die Verbindung einzelner Leistungskomponenten (bspw. Design, Programmierung, Hosting) zu kundenspezifischen Leistungspaketen.[203] In diesem Zusammenhang müssen zunächst alle geplanten Leistungsangebote der SchalkoMedia in möglichst voneinander abgegrenzte Leistungskomponenten zerteilt werden. Auf Basis dieser Aufsplittung lassen sich eine eingeschränkte Zahl von **sinnvollen Dienstleistungsmodulen** bilden, die nach den grundlegenden Bedürfnissen der anvisierten Zielgruppen orientiert werden müssen. In ihrer Ausprägung sollten diese Dienstleistungsmodule vor allem an Schlagwörtern und dem Verständnis der

---
[202] Vgl. Wiesner, K. A./Sponholz, U. (2007), S. 152.
[203] Vgl. ebenda.

potentiellen Kunden ausgerichtet werden. Eine **regelmäßige Überprüfung der Modulzusammenstellung** und ihrer Bezeichnung soll die Kundenakzeptanz, Auffindbarkeit und Zukunftsfähigkeit sicherstellen. Insbesondere der Ansatz der Suchmaschinen-Optimierung muss auf die Dienstleistungsmodule angewandt werden, da die Auffindbarkeit des Unternehmens und seiner Dienstleistungen für den Geschäftserfolg unverzichtbar ist.[204] Des Weiteren sind für die einzelnen Module inhaltliche Beschreibungen und Argumente auszuarbeiten, die in entsprechender Ausführung (kurz und prägnant auf der eigenen Internetseite, sowie ausführlich für ein direktes Kundengespräch) wiederzugeben sind.

Die Aufsplittung der einzelnen Leistungskomponenten und die modulare Zusammensetzung bietet zusätzlich die Möglichkeit zur **Erschließung weiterer Leistungsangebote** im Sinne der Marktfeldstrategie.[205] Dieses Vorgehen kann zur Gewinnung fehlender Absatzräume und Teilmärkte führen, bspw. durch das Anbieten von SEO-Dienstleistungen als eigenständiges Leistungsangebot, da der Unternehmer grundlegend über die benötigten Fähigkeiten zur Realisierung des Angebots verfügt. Bei der Erschließung zusätzlicher Leistungsangebote muss stets die inhaltliche Vereinbarkeit mit anderen Leistungsangeboten sowie den eigenen Ressourcen und Fähigkeiten berücksichtigt werden. Die Verwendung eines modularen Dienstleistungsangebots bietet zusätzliche **Implikationen für das Abrechnungsmodell** der eigentlichen Dienstleistungen. Es können bspw. für die angebotenen Module exemplarische Preisberechnungen auf der Internetseite wiedergegeben werden mit dem Verweis, dass einzelne Bestandteile und weitere individuelle Kundenwünsche auf Stundenbasis transparent nachkalkuliert werden.

6.3 Kooperation und organisches Wachstum

Wie in der SWOT-Analyse bereits eindringlich herausgestellt wurde, zeigt sich in der verfügbaren Arbeitskraft die größte Schwäche des Gründungsunternehmens. Diese Schwäche wirkt sich vor allem einschränkend auf das Potential aus viele sowie große Aufträge bearbeiten und langfristig das Betreuen von Service- und Wartungsvereinbarungen gewährleisten zu können. Um dieser Schwäche entgegenzuwirken gibt es verschiedene Möglichkeiten, wie das Eingehen von Kooperationen und dem organischen Wachstum des Unternehmens.

---

[204] Vgl. Kapitel 4.7
[205] Vgl. Kapitel 5.2.1

Kooperationen bieten grundlegend eine Form der überbetrieblichen Partnerschaft, bei der rechtlich und wirtschaftlich selbstständige Unternehmen zur Erreichung gemeinsamer Ziele auf freiwilliger Basis zusammenarbeiten.[206] Diese partnerschaftlichen Beziehungen können mit Konkurrenten, aber auch mit Unternehmen völlig anderer Branchen erfolgen, um bspw. die eigene Leistungsfähigkeit bei einer Projektrealisierung zu ergänzen oder zu erhöhen.[207] Derartige Konstellationen[208] helfen nachhaltige Erfolge zu sichern und stellen auch eine Art des Networkings dar.[209] Das übergeordnete Ziel dieser Art von Partnerschaft ist die **Realisierung von Wettbewerbsvorteilen**.[210] Weitere Ziele erschließen sich u.a. aus den Bereichen der Kostensenkung, Zeitersparnis, Nutzung von Geschäftsbeziehungen und dem Zugang zu Knowhow und Kontakten. Probleme bei der Bearbeitung von Kooperationsaufträgen können sich bspw. durch Koordinations- und Kommunikationsprobleme ergeben. Für die SchalkoMedia empfehlen sich vor allem Kooperationen in Bereichen, die nicht durch das eigene Leistungsangebot abgedeckt werden, wie bspw. der professionellen Fotografie. Zur Realisierung einzelner größerer Projekte bieten sich Kooperationen innerhalb der eigenen Branche in konkreten Fällen ebenfalls an. Dafür muss der Unternehmensgründer entsprechende Kontakte knüpfen, um geeigneten Kooperationspartner zu finden.

Bei einer anhaltenden Zunahme der Auftragslage und einem positiven Geschäftsverlauf müssen rechtzeitig Überlegungen über das **organische Wachstum** des Unternehmens durch das **Beschäftigen von Arbeitskräften** angestellt werden. Unter Berücksichtigung dessen ergeben sich für das Unternehmen eine Vielzahl an weiteren Planungsfeldern, wie finanzielle Aspekte der Beschäftigung von Arbeitnehmern, der **Anmietung von Geschäftsräumen** und steuerrechtliche und arbeitsrechtliche Beratungen. Zusätzlich stellen Mitarbeiter im Bezug auf möglichen Kundenkontakt auch weitere Faktoren dar, die bspw. bei der Realisierung der Dienstleistungsqualität in der Kundenwahrnehmung berücksichtigt werden müssen.[211] Das Beschäftigen einer Arbeitskraft durch die SchalkoMedia wäre vor allem für den Bereich der Programmierung sinnvoll. Programmierungstätigkeiten zählen zu den zeitaufwendigsten Bestandteilen bei der Realisierung von

---
[206] Vgl. Kuß, A./Tomczak, T./Reinecke, S. (2007), S. 163.
[207] Vgl. Meffert, H./Burmann, C./Kirchgeorg, M. (2008), S. 61f.
[208] Bei Kooperationen müssen ggf. kartellrechtliche Beschränkungen beachtet werden.
[209] Vgl. Gloszeit, H./Natusch, C. (2009), S. 99f.
[210] Vgl. Bruhn, M. (2007), S. 78.
[211] Vgl. Homburg, C./ Krohmer, H. (2003), S. 830.

Webdesigndienstleistungen. Des Weiteren könnte eine Arbeitskraft unter dem Gesichtspunkt der Ergänzung des bestehenden Leistungsangebots, zur Erschließung fehlender Absatz- und Teilmärkte auf Grundlage ihrer Fähigkeiten, eingestellt werden.

7. Fazit

Viele Gründer gehen bei der eigenen Unternehmensplanung häufig rudimentär und intuitiv vor und können kurzfristig sogar Erfolge vorweisen. Langfristig jedoch birgt eine ganzheitliche und strukturierte Herangehensweise aus Sicht der strategischen Marketingplanung eine wesentlichere Möglichkeit die Erfolge auch dauerhaft zu sichern, sowie Unternehmensressourcen sinnvoll einzusetzen. Die Ausrichtung der SchalkoMedia nach den Gesichtspunkten des Marketings bietet die Chance, Entscheidungsprozesse zur Festlegung des marktbezogenen Verhaltens strukturierter und fokussierter zu fällen. Diese Denkhaltung hilft auch beim rechtzeitigen Erkennen von Herausforderungen, um Marktveränderungen optimal zu begegnen und um letztlich Wettbewerbsvorteile zu erreichen. Nur das gezielte Abheben des eigenen Unternehmens von anderen Wettbewerbern bietet die Möglichkeit, im Wettbewerb von den Kunden wahrgenommen zu werden. Denn wer lediglich das Gleiche wie seine Konkurrenten anbietet, wird sich ggf. nur durch den Preis unterscheiden können.

Mittels der ausgearbeiteten strategischen Ansatzpunkte ist das Unternehmen SchalkoMedia in der Lage, die angestrebten Ziele, insbesondere durch die Abgrenzung gegenüber anderen Wettbewerbern, zu erreichen. Dafür wird das Dienstleistungsangebot des Unternehmens am Verständnis der anvisierten Zielgruppe ausgerichtet. Die für das Angebot verwendeten Begrifflichkeiten werden weitestgehend nach der Suchhäufigkeit im Internet durch potentielle Kunden angelehnt und darüber eine größtmögliche Auffindbarkeit des eigenen Angebots erreicht. Unterstützend wird ein modularer Dienstleistungsaufbau vom Unternehmen zur insgesamt übersichtlicheren Darstellung des eigenen Leistungsangebots verwendet, der in seiner Zusammensetzung regelmäßig überprüft wird.

Ein weiterer Ansatz zur Differenzierung des Unternehmens gegenüber anderen Anbietern wird in der Beeinflussung der wahrnehmbaren Qualitätsdimensionen durch die Kunden im Bereich Service- und Dienstleistungsqualität gesehen. Dabei wird vor allem eine positive Einflussnahme auf die Kundenwahrnehmung der Leistungskompetenz der SchalkoMedia ausgeübt, sowie bei der Kundenkommunikation, der Reaktionsfähigkeit und der Veranschaulichung von nicht offensichtlichen Mehrwerten die die Dienstleistungen des Unternehmens bieten.

Diese Maßnahmen zielen insgesamt auf eine größere Kundenzufriedenheit ab, um so langfristige Kundenbindungen zu erreichen, die sich vor allem im Bereich der Weiterempfehlung und anhaltenden Geschäftsbeziehungen bspw. in Folgeaufträgen oder Service- und Wartungsverträgen äußern.

Das Überkommen von wesentlichen Schwächen des Unternehmens und das sichern von Wettbewerbsvorteilen, um sich bei verschärfenden Wettbewerbsbedingungen im Markt behaupten zu können, soll u.a. durch den strategischen Ansatzpunkt des Eingehens von Kooperationen in verschiedenen Bereichen ermöglicht werden. Das Ausbauen von etwaigen Partnerschaften wird dabei im Zeichen des Networkings gesehen. Weitere Entscheidungen wie über das organische Wachstum des Unternehmens müssen unter bestimmten Voraussetzungen getroffen werden, um, ähnlich wie durch Kooperationen, Verbesserungen in den Bereichen der eigenen Leistungsfähigkeit in Bezug auf verfügbare Arbeitskraft und Knowhow dauerhaft zu erreichen.

Die konsequente Umsetzung der Marketingstrategie und die Nutzung der in dieser Arbeit gewonnen Erkenntnisse sind zur erfolgreichen Differenzierung des Unternehmens gegenüber der Konkurrenz essentiell. Insbesondere die Informationen aus der strategischen Analyse bieten dem Unternehmen eine Momentaufnahme der kritischen Faktoren, die es zu berücksichtigenden gilt und die weiterhin regelmäßig beleuchtet werden müssen, um die Leistungs- und Zukunftsfähigkeit der SchalkoMedia erhalten zu können. Die ausgearbeiteten Handlungsempfehlungen weisen zusätzlich verschiedene Implikationen für die Gestaltung operativer Handlungen im Bereich der Marketing-Instrumente durch den Unternehmensgründer auf.

Abschließend soll noch hervorgehoben werden: Die Differenzierung des Unternehmens von anderen Anbietern und die Erreichung von Wettbewerbsvorteilen steht im Vordergrund, doch darf neben diesen empfohlenen Anstrengungen die aktive Auftragsakquise, zur Sicherung des Unternehmenserfolgs, nicht vergessen werden.

Quellenverzeichnis

Literaturverzeichnis

Angeli, S./Kundler, W. (2009), Der Online-Shop – Handbuch für Existenzgründer, München

Becker, J. (2006), Marketing-Konzeption, 8. Auflage, München

Benkenstein, M. (1997), Strategisches Marketing – Ein wettbewerbsorientierter Ansatz, Stuttgart

Bruhn, M. (2007), Marketing – Grundlagen für Studium und Praxis, 8. Auflage, Basel

Bruhn, M./Stauss, B. (2000), Dienstleistungsqualität – Konzepte, Methoden, Erfahrungen, 3. Auflage, Wiesbaden

Buss, A. (2009), Internet Marketing – Erfolg planen, gestalten, umsetzen, München

Eckhoff, F. (2004), Existenzgründung – Chancen und Risiken der betriebswirtschaftlichen Beratung durch Kreditinstitute, Norderstedt

Fueglistaller, U./Müller, C./Volery, T. (2004), Entrepreneurship – Modelle – Umsetzung – Perspektiven, Wiesbaden

Gloszeit, H./Natusch, C. (2009), Kundenakquise, 2. Auflage, Planegg

Gruber, M. (2005), Marketingplanung von Unternehmensgründungen – Eine theoretische und empirische Analyse, Wiesbaden

Huber, F./Hitzelberger, F. (2010), Ratgeber Domain-Namen, Starnberg

Homburg, C./ Krohmer, H. (2003), Marketingmanagement – Strategie – Instrumente – Umsetzung – Unternehmensführung, Wiesbaden

Hörschgen, H./Kirsch, J./Käßer-Pawelka, G./Grenz, J. (1993), Marketing-Strategien – Konzepte zur Strategiebildung im Marketing, 2. Auflage, Ludwigsburg/Berlin

Kahlert, H./Kajatin, C. (2004), Arbeit und Vernetzung im Informationszeitalter, Frankfurt/Main

Kerth, K./Pütmann, R. (2005), Die besten Strategietools in der Praxis, München/Wien

Kesting, T./Rennhak, C. (2008), Marktsegmentierung in der deutschen Unternehmenspraxis, Wiesbaden

Kotler, P./ Armstrong, G./Wong, V./Saunders, J. (2011), Grundlagen des Marketings, 5. Auflage, München

Kotler, P./Bliemel, F. (1999), Marketing Management, Analyse, Planung und Verwirklichung, 10. Auflage, Stuttgart

Kuß, A. (2006), Marketing – Einführung, 3. Auflage, Wiesbaden

Kuß, A./Tomczak, T./Reinecke, S. (2007), Marketingplanung – Einführung in die marktorientierte Unternehmens- und Geschäftsfeldplanung, 5. Auflage, Wiesbaden

Macharzina, K. (2003), Unternehmensführung – Das internationale Managementwissen: Konzepte – Methoden – Praxis, 4. Auflage, Wiesbaden

Magyar, K. M. (1985), Das Marketing-Puzzle, Zollikon

Matys, E. (2007), Dienstleistungsmarketing, Heidelberg

Meffert, H. (2000), Marketing - Grundlagen marktorientierter Unternehmensführung Konzepte, Instrumente, Praxisbeispiele, Wiesbaden

Meffert, H./Bolz, J. (1994), Internationales Marketing-Management, 2. Auflage, Stuttgart

Meffert, H./Bruhn, M. (2006), Dienstleistungsmarketing – Grundlagen – Konzepte – Methoden – Fallstudien, 5. Auflage, Basel/Münster

Meffert, H./Burmann, C./Kirchgeorg, M. (2008), Marketing – Grundlagen marktorientierter Unternehmensführung, 10. Auflage, Wiesbaden

Meyer, P. W./Mattmüller, R. (1993), Strategische Marketingoptionen – Änderungsstrategien auf Geschäftsfeldebene, Stuttgart

Pepels, W. (2004), Marketing, 4. Auflage, München

Pflaumer, P./Heine, B./Hartung, J. (2001), Statistik für Wirtschaft- und Sozialwissenschaften – Induktive Statistiken, München

Pooker, N. (2009), Der erfolgreiche Webdesigner – Der Praxisleitfaden für Selbstständige, Bonn

Porter, M. E. (2008), Wettbewerbsstrategien – Methoden zur Analyse von Branchen und Konkurrenten, 11. Auflage, Frankfurt/New York

Rabbe, S./Stütz, C. (2005), Methoden effizienter Markt- und Wettbewerbsanalyse – Zielführende Informationsrecherche für Unternehmensgründer, Münster

Rieber, P. (2009), Dynamische Webseiten in der Praxis: PHP, MySQL, CSS, Javascript, XHTML und Ajax, 2. Auflage, Heidelberg

Ripperda, S. (2011), Die Einbindung sozialer Netzwerke in die Datenanreicherung und –gewinnung im CRM, Norderstedt

Rumer, K. (1998), Erfolgsstrategien für mittelständische Unternehmen im internationalen Wettbewerb, Rennigen/Malmsheim

Schneider, W. (2007), Marketing, Mannheim

Stafflage, E. (2005), Unternehmenskultur als erfolgsentscheidender Faktor, Wiesbaden

Tamm, G./Günther, O. (2005), Webbasierte Dienste – Technologien, Märkte und Geschäftsmodelle, Heidelberg

Olbrich, R. (2006), Marketing – Eine Einführung in die marktorientierte Unternehmensführung, 2. Auflage, Hagen

Osterwalder, A./Pigneur, Y. (2010), Business Model Generation, Hoboken

Öggl, K./Förster, K. (2011), HTML 5 – Leitfaden für Webentwickler, München

Wang, V. (2010), E-Books mit ePUB- Von Word zum E-Book mit XML, Heidelberg

Weber, W. G./Pasqualoni, P./Burtscher, C. (2004), Wirtschaft, Demokratie und soziale Verantwortung – Kontinuitäten und Brüche, Göttingen

Weber, N. (2010), SEO - Suchmaschinenoptimierung, Berlin

Welge, M. K./Al-Laham, A. (2003), Strategisches Management. Grundlagen – Prozesse – Implementierung, 4. Auflage, Wiesbaden

Wiesner, K. A./Sponholz, U. (2007), Dienstleistungsmarketing, München/Wien

Internetquellen

1&1 Internet AG (Homepage), Do-it-yourself Homepage, http://order.1und1.info/;jsessionid=32140C21B17AC9A852D544EE1D6AC780.TCpfix223b?__reuse=1318687732023 (Abruf 15.11.2011)

Adler, M. (2009), Porters five forces: The German Web Design industry, http://www.online-marketing-blog.eu/wp-content/uploads/the_german_web_design_industry.pdf (Abruf 15.12.2011)

apply-design (2011), Internetagentur, http://www.apply-design.de/ (Abruf 15.11.2011)

BITKOM e.V. (2010), Jedes fünfte Unternehmen ohne Internetpräsenz, http://www.bitkom.org/de/presse/66442_65523.aspx (Abruf 16.12.2011)

Bundesministerium der Justiz (2011), Rede: Das Recht in der digitalen Welt – Perspektiven liberaler Netzpolitik, http://www.bmj.de/SharedDocs/Reden/DE/2011/20111101_Das_Recht_in_der_digitalen_Welt.html (Abruf 07.12.2011)

Denic (2012), Statistiken, http://www.denic.de/hintergrund/statistiken.html (Abruf 05.01.2012)

Designbeep (2011), 20 Useful Facebook Aplications Worth a Look, http://designbeep.com/2011/05/17/20-useful-facebook-applications-worth-a-look/ (Abruf 18.11.2011)

Diplomatisches Magazin (2012), Impressum, http://www.diplomatisches-magazin.de/impressum/ (Abruf 02.01.2012)

Facebook (2011a), Fotos hochladen, http://www.facebook.com/ (Abruf 24.10.2011)

Facebook (2011b), Unternehmensprofil erstellen, http://de-de.facebook.com/pages/create.php (Abruf 18.11.2011)

FAZ (2011), 70 Prozent der Unternehmen nutzen Social Media http://faz-community.faz.net/blogs/netzkonom/archive/2011/08/23/70-prozent-der-unternehmen-nutzen-social-media.aspx (Abruf 18.11.2011)

Financial Times Deutschland (2010), Apple spielt Macht im Softwaremarkt aus, http://www.ftd.de/it-medien/it-telekommunikation/:flash-software-apple-spielt-macht-im-softwaremarkt-aus/50104127.html (Abruf 27.10.2011)

Financial Times Deutschland (2011), Ausblick 2012: Diese Branchen haben das Zeug zum Gewinner, http://www.ftd.de/unternehmen/industrie/:ausblick-2012-diese-branchen-haben-das-zeug-zum-gewinner/60147348.html (Abruf 03.01.2012)

Gevestor (2011), Online-Marketing boomt – Google dominiert, http://www.gevestor.de/details/online-marketing-boomt-google-dominiert-500473.html (Abruf 15.11.2011)

Google AdWords (2011), Online-Werbung von Google, http://adwords.google.de/ (Abruf 07.11.2011)

Google Maps (2011), Suchanfrage Webdesign Eisenhüttenstadt, http://maps.google.com/maps?q=eisenh%C3%BCttenstadt+webdesign&hl=de&ie=UTF8&ll=52.130116,13.562622&spn=2.569674,7.13562&sll=37.0625,-95.677068&sspn=52.505328,114.169922&vpsrc=6&hq=webdesign&hnear=Eisenh%C3%BCttenstadt,+Brandenburg,+Deutschland&t=h&fll=52.355474,14.760132&fspn=2.556661,7.13562&z=8 (Abruf 07.11.2011)

Heise (2011a), Kampf um einen Webvideostandard, http://www.heise.de/ct/artikel/WebMachtspielchen-1176856.html (Abruf 27.10.2011)

Heise (2011b), Schleswig-Holstein streitet um Facebook,
http://www.heise.de/newsticker/meldung/Schleswig-Holstein-streitet-um-Facebook-1354776.html (Abruf 30.10.2011)

Heise (2011c), Adobe stellt mobiles Flash-Plugin ein,
http://www.heise.de/newsticker/meldung/Adobe-stellt-mobiles-Flash-Plugin-ein-1375503.html (Abruf 09.11.2011)

Instantshift (2011), The latest trends in web design,
http://www.instantshift.com/2011/03/22/the-latest-trends-in-web-design/
(15.11.2011)

Köppel, P. (2007), Kulturelle Diversitäten in virtuellen Teams,
http://www.synergyconsult.de/pdf/Kulturelle%2520Diversitaet%2520in%2520virtuellen%2520Teams.pdf (Abruf 01.12.2011)

Statistisches Bundesamt (2010), Wirtschaft und Statistik Ausgabe August 2010,
http://www.destatis.de/jetspeed/portal/cms/Sites/destatis/Internet/DE/Content/Publikationen/Querschnittsveroeffentlichungen/WirtschaftStatistik/Monatsausgaben/WistaAugust10,property=file.pdf (Abruf 03.01.2012)

Statistisches Bundesamt (2011a), Umsatzsteuerstatistik (5-stellige Branchenstruktur),
http://www.destatis.de/jetspeed/portal/cms/Sites/destatis/Internet/DE/Content/Publikationen/Fachveroeffentlichungen/FinanzenSteuern/Steuern/Umsatzsteuer/UmsatzsteuerstatistikZeitreihe,templateId=renderPrint.psml (Abruf 03.01.2012)

Statistisches Bundesamt (2011b), Wirtschaft und Statistik Ausgabe April 2011,
http://www.destatis.de/jetspeed/portal/cms/Sites/destatis/Internet/DE/Content/Publikationen/Querschnittsveroeffentlichungen/WirtschaftStatistik/Monatsausgaben/WistaApril11,property=file.pdf (Abruf 03.01.2012)

t3n (2011a), HTML5 Boom: Wachstum verdrängt Flash (und spielt Apple in die Karten), http://t3n.de/news/html5-boom-wachstum-verdrangt-flash-und-spielt-apple-323447/ (Abruf 30.10.2011)

t3n (2011b), Responsive Design: Ein Erfordernis aus der Neuzeit der Internetnutzung, http://t3n.de/news/responsive-webdesign-html5-css3-grundlagen-335305/ (Abruf 05.11.2011)

Trusted Shops (2012), Gütesiegel mit Käuferschutz für Online-Shops, http://www.trustedshops.de/ (Abruf 20.01.2012)

ULD – Unabhängiges Landeszentrum für Datenschutz Schleswig-Holstein (2011), Pressemitteilung, https://www.datenschutzzentrum.de/presse/20110819-facebook.htm (Abruf 30.10.2011)

Volks- und Raiffeisenbank Gründerkonzepte (2011), http://www.vr-bankmodul.de/site/bracos/cgi-bin/braco.cgi?pdf=GK044.pdf (Abruf 08.12.2011)

Webmasterpro (2011), Responsive Webdesign Tutorial, http://www.webmasterpro.de/coding/article/css-responsive-webdesign-media-queries-fuer-iphone-ipad-und-smartphones.html (Abruf 08.11.2011)

Anhang 1 – Auswertung der Branchenumfrage Webdesign

Auswertung Branchenumfrage Webdesign

Im Zeitraum vom 22.10.2011 bis 19.11.2011 wurde eine Online-Umfrage zur Webdesign Branche, im Rahmen einer Bachelor Thesis durchgeführt. Zur Primärdatenerhebung, wurde die Methode der strukturierten Befragung gewählt und das Internet als Kommunikationsmittel verwendet. Die Vorteile einer Internetumfrage ergaben sich aus den folgenden Punkten: Schnelle Verfügbarkeit, kostengünstig, interaktiv und die Webdesign Branche lässt sich naturgemäß Online am besten erreichen. Der Online-Fragebogen enthielt insgesamt 13 Fragen, zu den Themen Wettbewerbskräfte, Trends und Marktpotentialen der Webdesign Branche. Die Fragen konnten von den Teilnehmern im Multiple-Choice-Verfahren beantwortet werden, für einige Fragen wurden zusätzliche Kommentarfelder eingeblendet, um weitere Daten zu erhalten. Der Online-Fragebogen wurde über branchenspezifische Internetseiten, sowie soziale Netzwerke verteilt.

An der Umfrage nahmen 204 Personen teil. Die Aussagekraft der Umfrage ist durch begrenzte Kontrollmöglichkeit der Repräsentativität der befragten Personen, nur eingeschränkt gegeben. Insbesondere die hohe Teilnehmerzahl der Freelancer im Vergleich zu den der Agenturen, wirkt sich in undifferenzierter Form auf die Tendenzen der Umfrageergebnisse aus. In diesem Zusammenhang wurden die erhobenen Daten unter Zuhilfenahme des univariaten Verfahrens der Kreuztabellierung, zusätzlich nach Freelancer und Agenturen aufgeteilt.

Im Folgenden möchte ich mich bei allen Teilnehmern und den Personen bedanken, die mich bei der Durchführung der Umfrage unterstützt haben.

Bei eventuellen Fragen, Kritik oder Anregung schreiben Sie einfach eine E-Mail an

1. Wie ist Ihr Unternehmen aufgestellt?

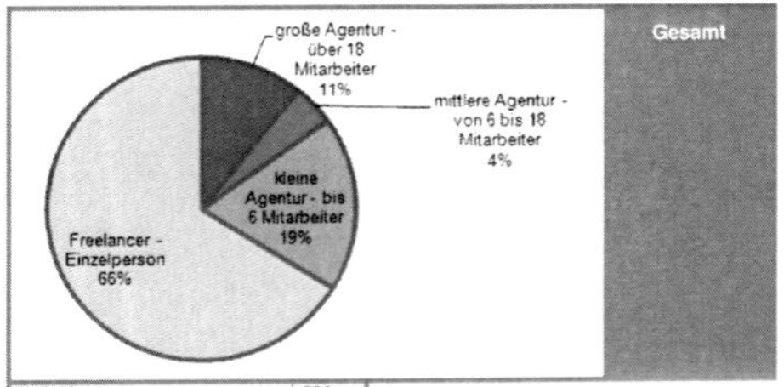

Teilnehmer	204
Beantwortung	204
Übersprungene Beantwortung	0

- große Agentur – über 18 Mitarbeiter: 11%
- mittlere Agentur – von 6 bis 18 Mitarbeiter: 4%
- kleine Agentur – bis 5 Mitarbeiter: 19%
- Freelancer – Einzelperson: 65%

Gesamt

2. Was stellt den Hauptkostenfaktor im Bereich Webdesign dar? (Personalkosten ausgeschlossen)

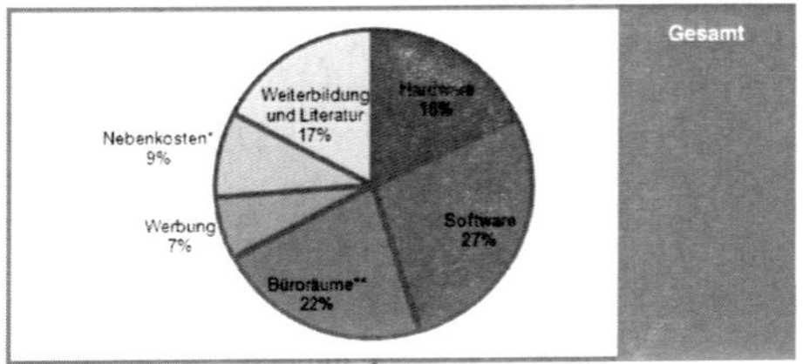

Teilnehmer	204
Beantwortung	204
Übersprungene Beantwortung	0

- Software: 27%
- Hardware: 18%
- Weiterbildung und Literatur: 17%
- Nebenkosten*: 9%
- Werbung: 7%
- Büroräume**: 22%

Gesamt

*Nebenkosten – Dienstwagen etc.
**Büroräume – Miete, Reinigungskosten, Büromöbel etc.

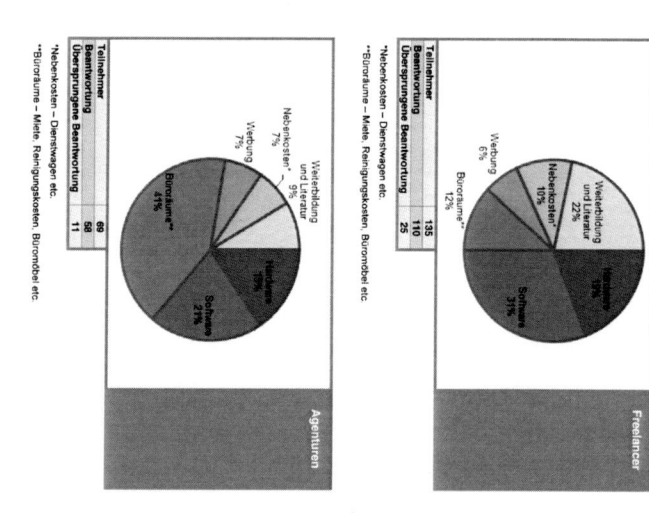

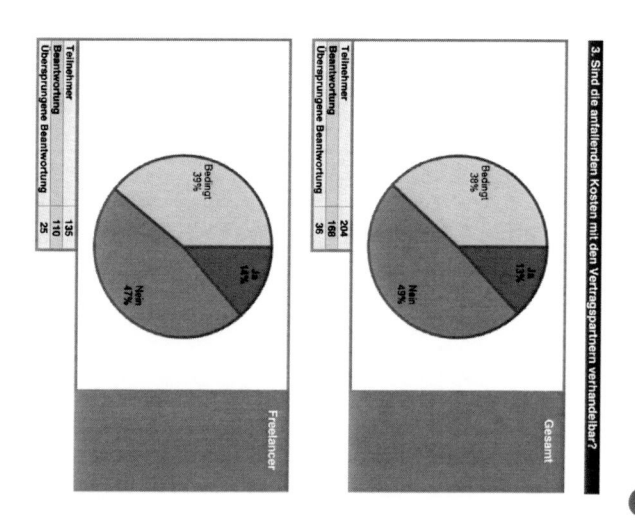

Anhang 1 – Auswertung der Branchenumfrage Webdesign

77

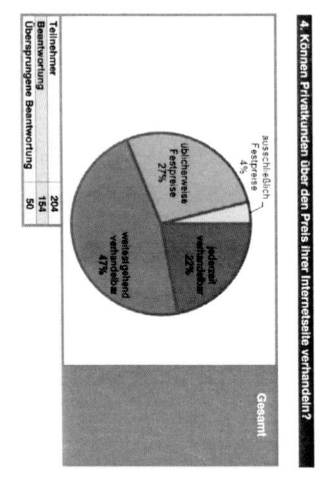

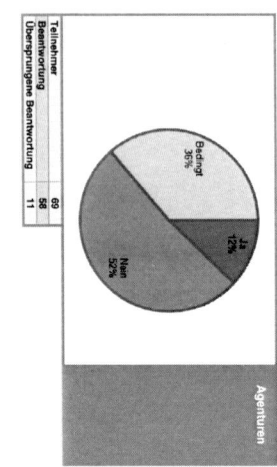

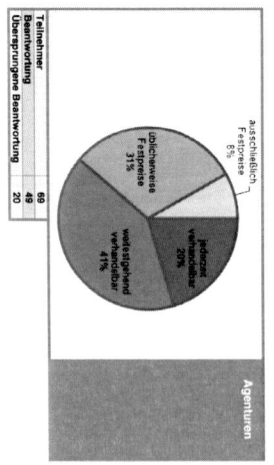

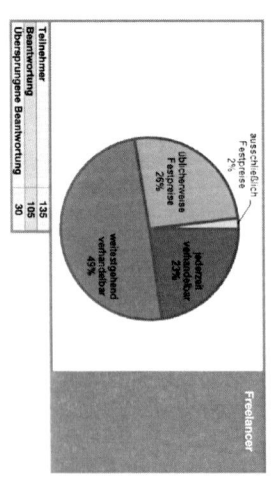

Anhang 1 – Auswertung der Branchenumfrage Webdesign

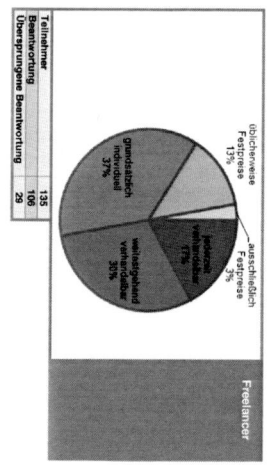

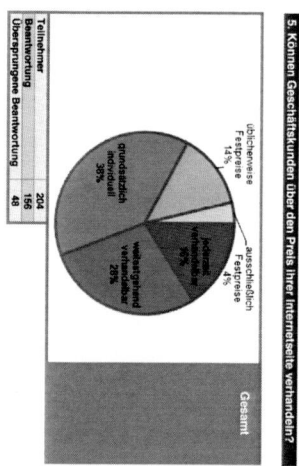

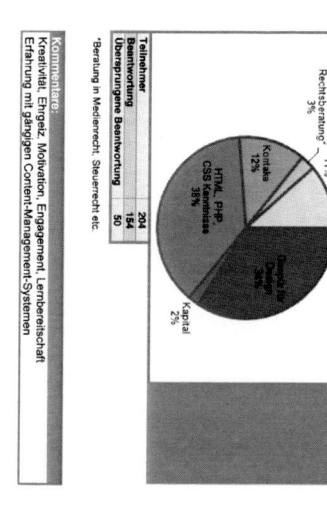

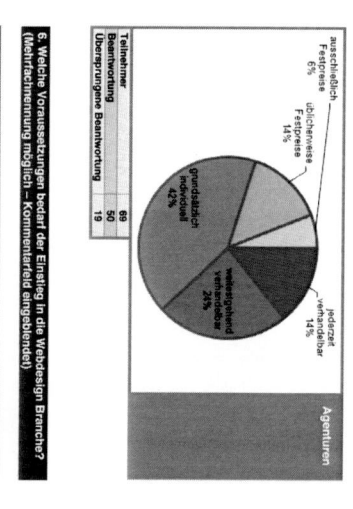

Anhang 1 – Auswertung der Branchenumfrage Webdesign

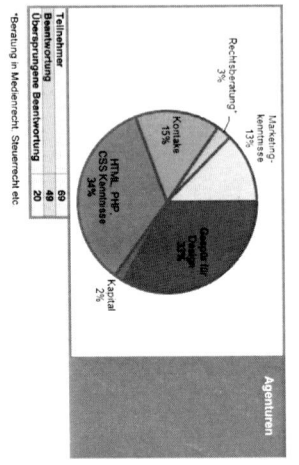

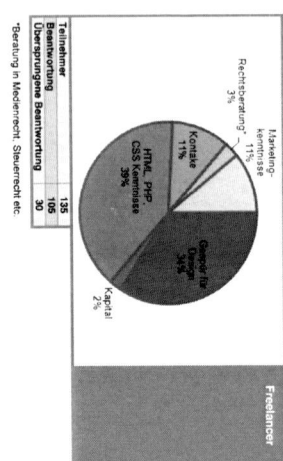

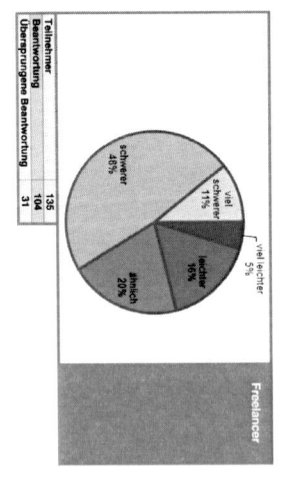

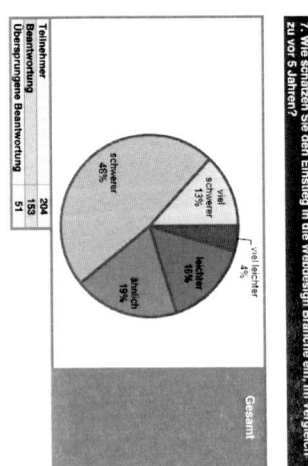

Anhang 1 – Auswertung der Branchenumfrage Webdesign

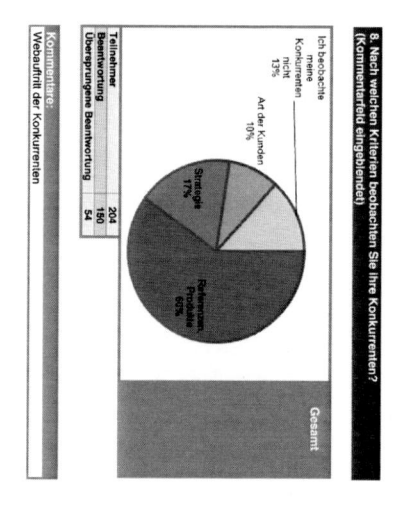

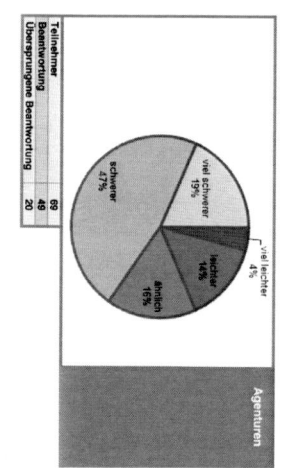

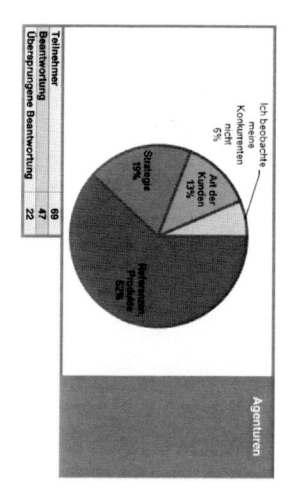

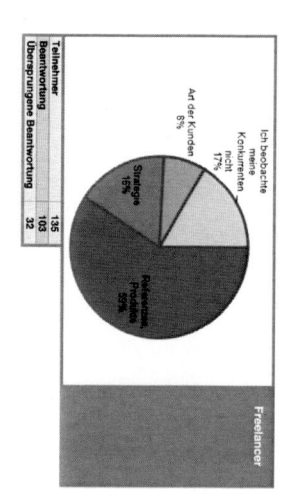

Anhang 1 – Auswertung der Branchenumfrage Webdesign

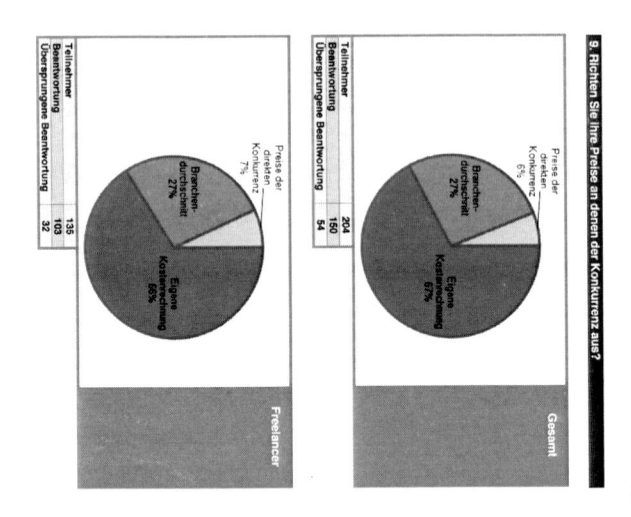

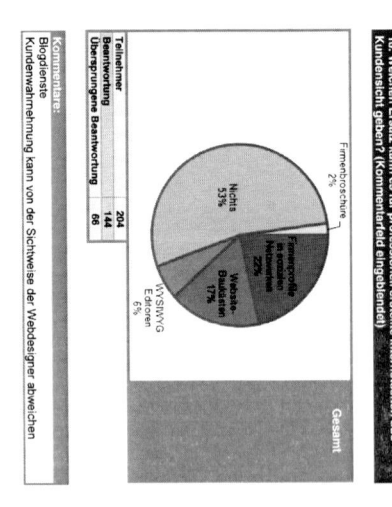

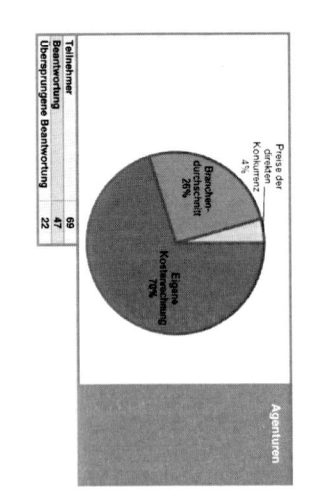

Anhang 1 – Auswertung der Branchenumfrage Webdesign

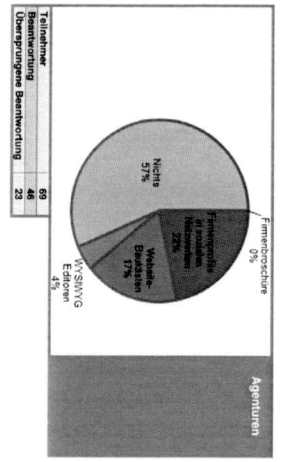

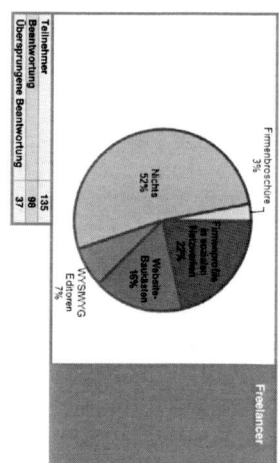

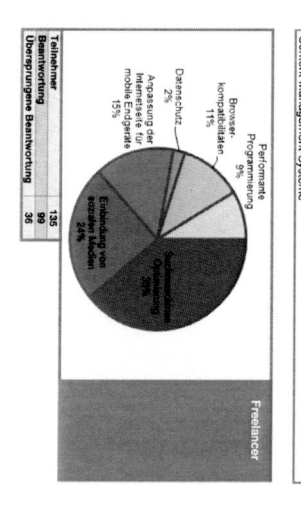

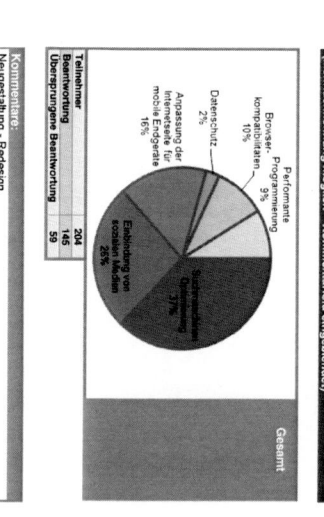

Anhang 1 – Auswertung der Branchenumfrage Webdesign

83

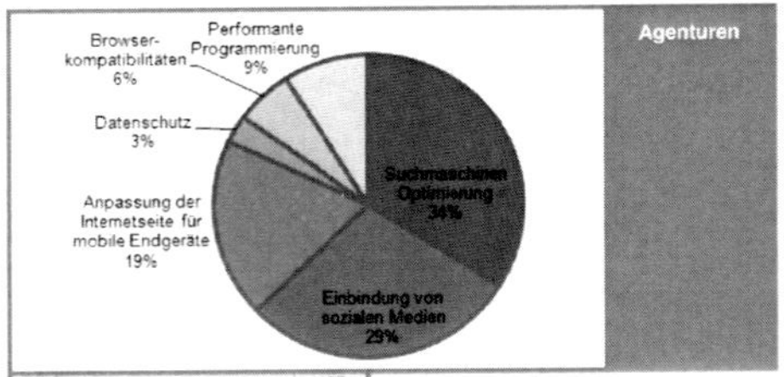

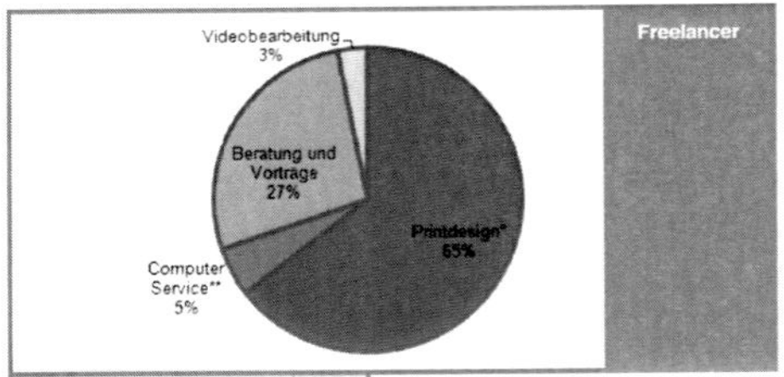

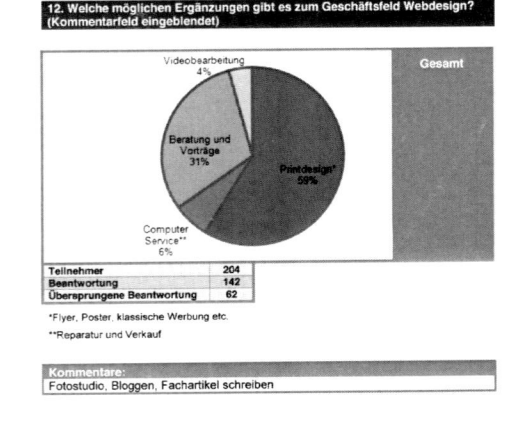

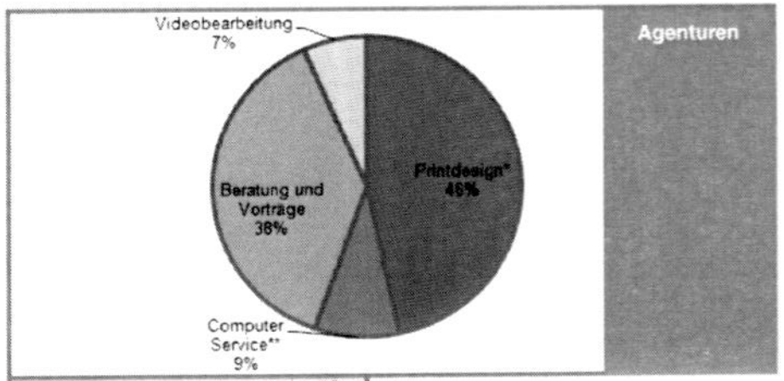

Anhang 1 – Auswertung der Branchenumfrage Webdesign

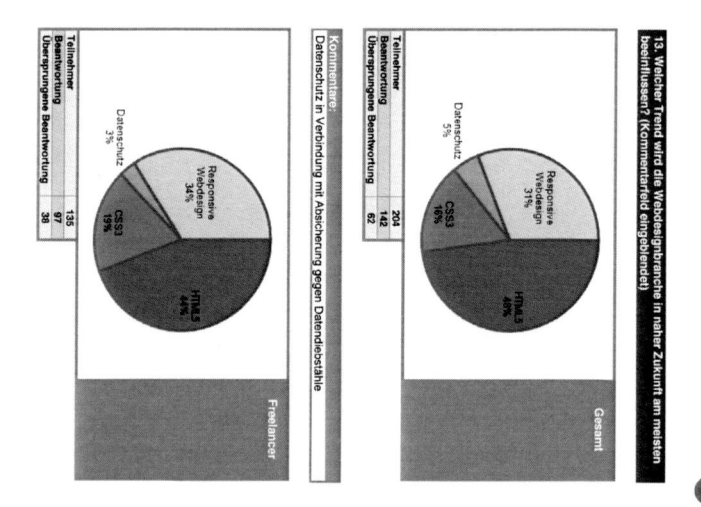

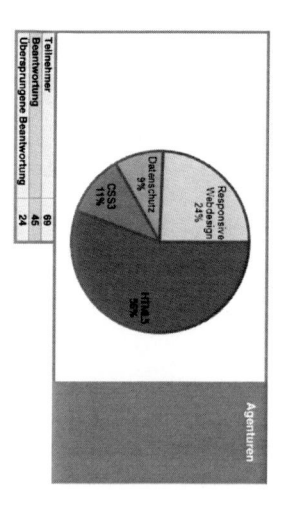

Anhang 1 – Auswertung der Branchenumfrage Webdesign

Anhang 2 – Fragebogen Webdesignbranche

Branchenumfrage Webdesign

1. Wie ist Ihr Unternehmen aufgestellt?

- ○ Freelancer - Einzelperson
- ○ kleine Agentur - bis 6 Mitarbeiter
- ○ mittlere Agentur - von 6 bis 18 Mitarbeiter
- ○ große Agentur - über 18 Mitarbeiter

Branchenumfrage Webdesign

2. Was stellt der Hauptkostenfaktor im Bereich Webdesign dar? (Personalkosten ausgeschlossen)

- ○ Büromöbel
- ○ Software
- ○ Büroräume (Miete, Reinigungskosten etc.)
- ○ Werbung
- ○ Weiterbildungen und Literatur
- ○ Hardware
- ○ Nebenkosten (Dienstwagen etc.)

3. Sind die anfallenden Kosten mit den Vertragspartnern verhandelbar?

- ○ Ja
- ○ Nein
- ○ Bedingt

Anhang 2 – Fragebogen Webdesignbranche

Branchenumfrage Webdesign

4. Können Privatkunden über den Preis ihrer Website verhandeln?
- ○ jederzeit verhandelbar
- ○ weitestgehend verhandelbar
- ○ üblicherweise Festpreise
- ○ ausschließlich Festpreise

5. Können Geschäftskunden über den Preis ihrer Website verhandeln?
- ○ jederzeit verhandelbar
- ○ weitestgehend verhandelbar
- ○ grundsätzlich individuell
- ○ üblicherweise Festpreise
- ○ ausschließlich Festpreise

Branchenumfrage Webdesign

6. Welche Voraussetzungen bedarf der Einstieg in die Webdesign Branche? (bitte 2 Antwortmöglichkeiten auswählen)
- ☐ Gespür für Design
- ☐ Kapital
- ☐ HTML / PHP / CSS Kenntnisse
- ☐ Kontakte
- ☐ Rechtsberatung (Medienrecht, Steuerrecht etc.)
- ☐ Marketingkenntnisse
- ☐ Sonstiges (bitte angeben) _____

7. Wie schätzen Sie den Einstieg in die Webdesign Branche ein, im Vergleich zu vor 5 Jahren?
- ○ viel leichter
- ○ leichter
- ○ ähnlich
- ○ schwerer
- ○ viel schwerer

Anhang 2 – Fragebogen Webdesignbranche

Branchenumfrage Webdesign

8. Nach welchen Kriterien beobachten Sie Ihre Konkurrenten?
- ○ Referenzen / Produkte
- ○ Strategie
- ○ Art der Kunden
- ○ Jahresabschlüsse (bei Kapitalgesellschaften wie AG und GmbH)
- ○ Handelsregister Einträge
- ○ Ich beobachte meine Konkurrenten nicht
- ○ Sonstiges (bitte angeben)

9. Richten Sie Ihre Preise an denen der Konkurrenz aus?
- ○ Preise basieren auf eigener Kostenrechnung
- ○ Preise orientieren sich an am Branchendurchschnitt
- ○ Preise sind an der creativ Konkurrenz festgemacht
- ○ Sonstiges (bitte angeben)

Branchenumfrage Webdesign

10. Welchen Ersatz kann es für professionell erstellte Internetseiten aus "Kundensicht" geben?
- ○ Nichts
- ○ Website Baukästen (1&1 etc.)
- ○ WYSIWYG Editor
- ○ Firmenbroschüre
- ○ Profile auf sozialen Netzwerken (Firmenprofile etc.)
- ○ Sonstiges (bitte angeben)

11. Welche Kundenwünsche treten gegenwärtig am häufigsten auf? (bitte 2 Antwortmöglichkeiten auswählen)
- ☐ Anpassung der Website für mobile Endgeräte
- ☐ Browserkompatibilitäten
- ☐ Datenschutz
- ☐ Einbindung von sozialen Netzwerken (Facebook, Twitter etc.)
- ☐ Performante Programmierung
- ☐ Suchmaschinen Optimierung
- ☐ Sonstiges (bitte angeben)

Anhang 2 – Fragebogen Webdesignbranche

12. Welche möglichen Ergänzungen gibt es zum Geschäftsfeld Webdesign?
- Beratung und Vorträge
- Computer Service (Reparatur und Verkauf)
- Printdesign (Flyer, Poster, klassische Werbung etc.)
- Videobearbeitung
- Sonstiges (bitte angeben)

13. Welcher Trend wird die Webdesignbranche in naher Zukunft am meisten beeinflussen?
- HTML5
- CSS3
- Datenschutz
- Responsive Webdesign
- Sonstiges (bitte angeben)

Wir möchten uns bei Ihnen für die Teilnahme an dieser Umfrage bedanken. Binnen vier Wochen wird die Umfrage ausgewertet und als Zusammenfassung bereitgestellt.

Anhang 3 – Bestimmungsfaktoren des Käuferverhaltens

Abbildung 2-8: Bestimmungsfaktoren des Käuferverhaltens

Interpersonale Bestimmungsfaktoren

Intrapersonale Bestimmungsfaktoren

- Kultur, Subkultur
- Gesellschaftliche Normen
- Soziale Schicht
- Gruppen
- Familie

Aktiviertheit/Involvement

+ Interpretation

Emotion

+ Zielorientierung

Motiv

Kognition

+ Objektorientierung

Einstellung

+ Integration

Werte

+ weitere persönliche Merkmale

Persönlichkeit

Komplexitätsgrad

GABLER GRAFIK

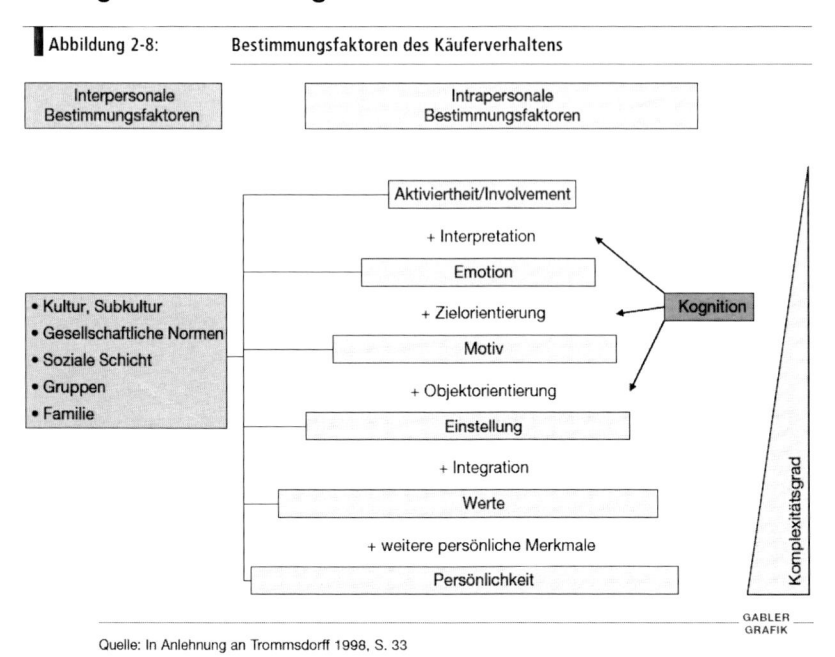

Quelle: In Anlehnung an Trommsdorff 1998, S. 33

Quelle: Meffert, H. (2008), S.106.

Anhang 4 – Modell des organisationalen Kaufverhaltens

Abbildung 2-24: Modell des organisationalen Kaufverhaltens nach Webster/Wind

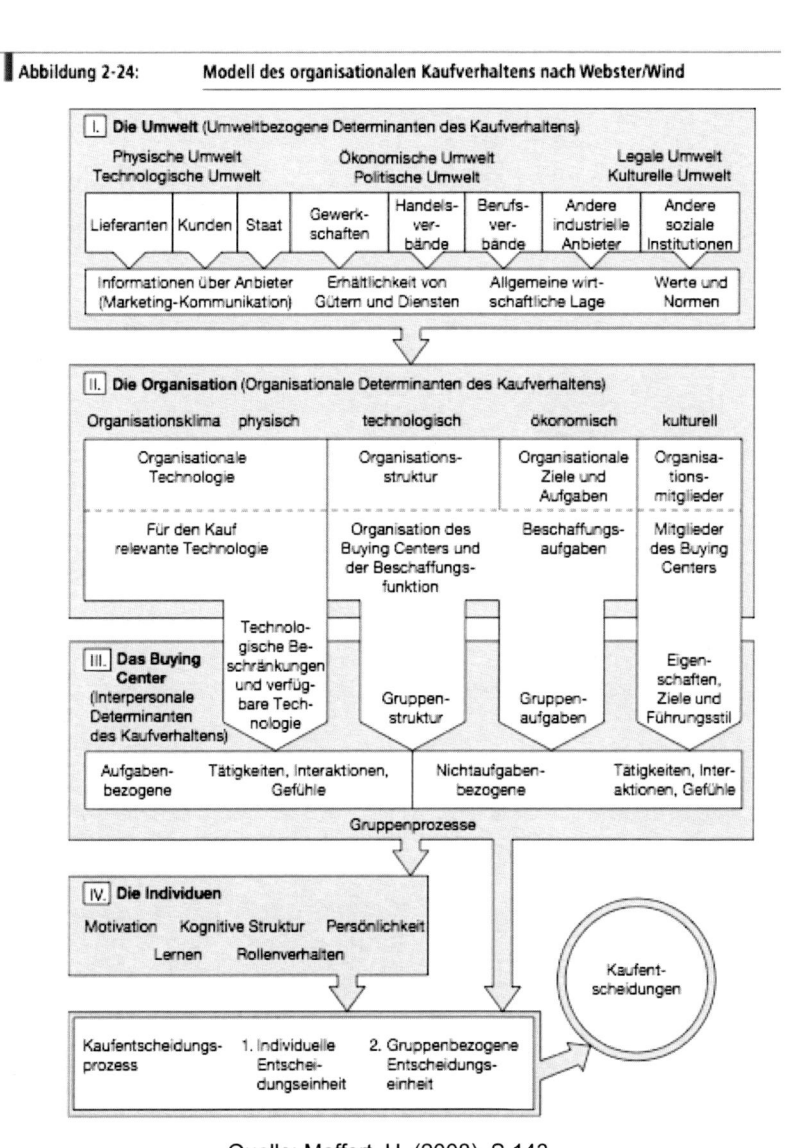

I. Die Umwelt (Umweltbezogene Determinanten des Kaufverhaltens)

Physische Umwelt Technologische Umwelt	Ökonomische Umwelt Politische Umwelt	Legale Umwelt Kulturelle Umwelt

Lieferanten	Kunden	Staat	Gewerk-schaften	Handels-verbände	Berufs-verbände	Andere industrielle Anbieter	Andere soziale Institutionen
Informationen über Anbieter (Marketing-Kommunikation)				Erhältlichkeit von Gütern und Diensten		Allgemeine wirtschaftliche Lage	Werte und Normen

II. Die Organisation (Organisationale Determinanten des Kaufverhaltens)

Organisationsklima	physisch	technologisch	ökonomisch	kulturell
	Organisationale Technologie	Organisationsstruktur	Organisationale Ziele und Aufgaben	Organisationsmitglieder
	Für den Kauf relevante Technologie	Organisation des Buying Centers und der Beschaffungsfunktion	Beschaffungsaufgaben	Mitglieder des Buying Centers

III. Das Buying Center (Interpersonale Determinanten des Kaufverhaltens)

Technologische Beschränkungen und verfügbare Technologie	Gruppenstruktur	Gruppenaufgaben	Eigenschaften, Ziele und Führungsstil
Aufgabenbezogene	Tätigkeiten, Interaktionen, Gefühle	Nichtaufgabenbezogene	Tätigkeiten, Interaktionen, Gefühle

Gruppenprozesse

IV. Die Individuen

Motivation   Kognitive Struktur   Persönlichkeit
      Lernen   Rollenverhalten

Kaufentscheidungsprozess: 1. Individuelle Entscheidungseinheit   2. Gruppenbezogene Entscheidungseinheit

Kaufentscheidungen

Quelle: Meffert, H. (2008), S.143.

Anhang 5 – Beispiele für Kooperationen

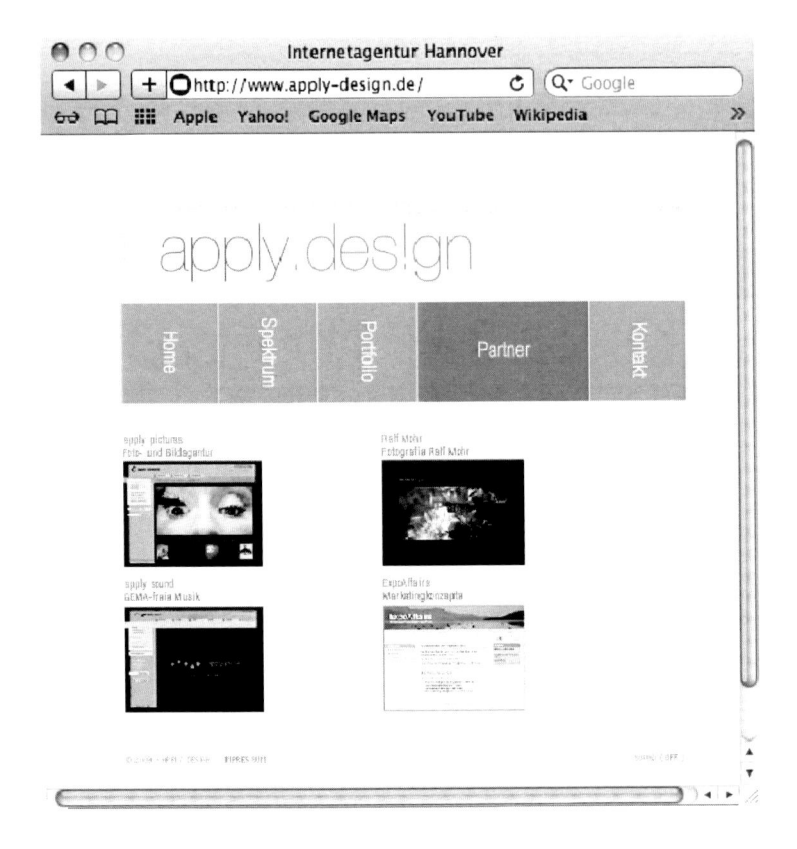

Quelle: http://www.apply-design.de/